DE GODSDIENST VAN HET OUDE EGYPTE

J. Vergote

De Godsdienst
van het Oude Egypte

PEETERS
LEUVEN
1987

Inforiënt-reeks

Hoofdredacteur: Dr. W.M. Callewaert

Redactieleden: Prof. U. Libbrecht
Prof. W. Vande Walle
Prof. U. Vermeulen
Adres: Blijde Inkomststraat 21, 3000 Leuven

1. **W.M. Callewaert** en **L. De Brabandere**, *India. Van de laat-mogols (1700) tot heden.*
2. **L. Meyvis**, *De Gordel van Smaragd. Indonesië van 1799 tot heden.*
3. **W.M. Callewaert**, *De Zuid-Indische tempels.*
4. **W. Vande Walle**, *Basho, dichter zonder dak. Haiku en poëtische verhalen.*
5. **C. Vertente**, *Tibet. Het stille drama.*
6. **W.M. Callewaert**, *Het Indiase subcontinent. Mensen, mythen, machten.*
7. **J. Vergote**, *De Godsdienst van het Oude Egypte.*

Omslag. Païri en zijn vrouw in aanbidding voor Osiris, graf van Païri in de necropool van Thebe. (Foto J.Q.).

ISBN 90-6831-093-3
D. 1987/0602/37

INHOUDSTAFEL

VOORWOORD

Egypte geniet een ruime belangstelling. Ieder jaar reizen vele honderden uit Vlaanderen en Nederland naar het land van de farao's. Er is dan ook duidelijk behoefte aan goede Nederlandstalige literatuur die wat dieper op de dingen ingaat dan de traditionele reisgids of het prachtig geïllustreerde platenboek.

De Inforiënt-reeks wil achtergrondinformatie op hoog niveau brengen voor diegenen die de culturen van het Oosten willen leren kennen. Een aantal delen zijn reeds verschenen die betrekking hebben op Indië, Indonesië, Tibet en Japan. Voor het Oude Egypte zijn enkele titels gepland: ,,De late Zuid-Egyptische tempels'', ,,Het honderdpoortige Thebe'' e.a. Toen de vraag naar het uitverkochte boekje van J. Vergote over de godsdienst van de Egyptenaren steeds maar dringender werd, leek de opname ervan in de Inforiënt-reeks dan ook aangewezen.

Een eerste uitgave van *De godsdienst van de Egyptenaren* door Prof. Dr. J. Vergote verscheen in 1971 in de reeks ,,De godsdiensten der mensheid'' (hoofdredactie Dr. G.J.F. Bouritius), een uitgave van Unieboek N.V., Bussum. Een tweede druk kwam er in 1974 onder een gewijzigde titel: *De Egyptenaren en hun godsdienst*; een aantal illustraties die in de eerste druk niet waren opgenomen werden toegevoegd. In 1978 was een derde druk nodig; deze is reeds sedert jaren uitverkocht.

De studie van de Egyptische godsdienst heeft niet stil gestaan sedert het begin van de zeventiger jaren. Toch is het boekje niet achterhaald. Mits een aantal aanpassingen kon het een uitstekende inleiding tot de religieuze denkwereld van de oude Egyptenaren en haar diverse uitingen blijven. Bij de herwerking is, onder andere, rekening gehouden met de bemerkingen van Prof. Dr. J. Zandee in zijn bespreking verschenen in *Bibliotheca Orientalis*, 30 (1973), p. 393-396. De bibliografie werd voor de laatste vijftien jaren aangevuld. Recente algemene uiteenzettingen in andere talen die bijzondere aanbeveling verdienen, nl. de synthesen van J. Assmann, Ph. Derchain en E. Hornung, zijn te vinden in de eerste afdeling van de bibliografie. Het chronologisch overzicht werd aangepast en een aanzienlijk aantal illustraties werd toegevoegd.

Tenslotte dient de aandacht gevestigd op wijzigingen in de schrijfwijze van Oudegyptische en Arabische namen: de Nederlandse spelling wordt zoveel mogelijk gebruikt om de gebruikelijke uitspraak aan te geven, bij voorbeeld: Sjoe (Frans: Chou; Engels: Shu; Duits: Schu), Fajoem (Frans: Fayoum; Engels: Fayyum; Duits: Fajjum). Als de Griekse vorm courant is, wordt de Griekse spelling gevolgd, vandaar Nephthys (lees Nefties), Onouris.

Een bijzonder woord van dank gaat naar Suzy Van Meensel en Josette Brughmans voor het intikken van het manuscript en naar Peter Dils voor het verbeteren van de proeven en het opmaken van de index. Inforiënt en de Uitgeverij Peeters verdienen alle lof voor de vlotte realisatie van dit vernieuwde boek.

Jan Quaegebeur

LIJST VAN DE AFKORTINGEN

ÄA = *Ägyptologische Abhandlungen*. Wiesbaden.

BdE = *Bibliothèque d'Etude*. Institut français d'Archéologie orientale du Caire. Kairo.

BIFAO = *Bulletin de l'Institut français d'Archéologie orientale du Caire*. Kairo.

GOF = *Göttinger Orientforschungen*. Wiesbaden.

HÄB = *Hildesheimer Ägyptologische Beiträge*. Hildesheim.

IFAO = Institut français d'Archéologie orientale du Caire. Kairo.

JAOS = *Journal of the American Oriental Society*. Baltimore.

JEA = *The Journal of Egyptian Archaeology*. Londen.

JEOL = *Jaarbericht van het Vooraziatisch-Egyptisch Genootschap "Ex Oriente Lux"*. Leiden.

JNES = *Journal of Near Eastern Studies*. Chicago Ill.

LAPO = *Littératures anciennes du Proche-Orient*. Parijs.

MÄS = *Münchener Ägyptologische Studien*. München en Berlijn.

MIFAO = *Mémoires publiés par les membres de l'Institut français d'Archéologie orientale du Caire*. Kairo.

MVEOL = *Mededelingen en Verhandelingen van het Vooraziatisch-Egyptisch Genootschap "Ex Oriente Lux"*. Leiden.

OBO = *Orbis Biblicus et Orientalis*. Freiburg en Göttingen.

OMRO = *Oudheidkundige Mededelingen uit het Rijksmuseum van Oudheden te Leiden*. Leiden.

RAPH = *Recherches d'archéologie, de philologie et d'histoire*. Kairo.

ZÄS = *Zeitschrift für ägyptische Sprache und Altertumskunde*. Berlijn.

INLEIDING

Langs verschillende wegen kan getracht worden de godsdienst van het oude Egypte te benaderen. Een eerste methode streeft niets anders na dan een objectieve beschrijving te geven van de godenwereld, de cultusvormen enz. in hun historische ontwikkeling. Deze wordt bijvoorbeeld aangetroffen in *Die Religion der Ägypter* van A. Erman, in 1934 verschenen en meermalen herdrukt. De meeste geleerden pogen echter een verklaring te vinden voor de vreemdsoortige leerstellingen die de Egyptische teksten en monumenten ons geopenbaard hebben en voor de tegenspraak welke tussen vele van deze religieuze voorstellingen schijnt te bestaan. Daarvoor hebben V. Loret en A. Moret naar analogieën gezocht bij de huidige primitieve volkeren en zij hebben de oorsprong van de religieuze denkbeelden der Egyptenaren, inzonderheid van de diercultus, in het totemisme willen terugvinden. Hoe verleidelijk deze reconstructies, voornamelijk die van Moret, ook mogen lijken, zij hebben noch bij de egyptologen noch bij de etnologen een blijvende bijval gevonden. Het is inderdaad opvallend dat de karakteristieke verschijnselen van het totemisme, waaronder voornamelijk de exogamie of verbod van huwelijk tussen mannen en vrouwen van dezelfde clan, in de Egyptische bronnen niet voorkomen.[1] K. Sethe en H. Kees zien voor het belang en de verspreiding van bepaalde erediensten en leerstellingen een verklaring in de politieke ontwikkeling. Zo kwam Sethe er toe, met behulp van de oudste religieuze overlevering een predynastische geschiedenis op te bouwen die tot in het vijfde millennium opklimt. Kees, integendeel, situeert dit politieke gebeuren in de historische tijd, onder de eerste dynastieën.

---

[1] Onder de talrijke werken over dit onderwerp vermelden wij er alleen drie, die een soort van status quaestionis vormen: A. van Gennep, *L'état actuel du problème totémique*, Parijs, 1922; C. Lévi-Strauss, *Le totémisme aujourd'hui*, Parijs, 1962; Id., *La pensée sauvage*, Parijs, z.j. (1962). Voor de hier geciteerde auteurs, zie in de Bibliografie de algemene werken over de Egyptische godsdienst. Een korte en duidelijke uiteenzetting van de theorie van A. Moret is te vinden in zijn *Histoire de l'Orient*, (G. Glotz, *Histoire générale*), I, Parijs, 1941, p. 164-172.

De genoemde auteurs huldigen allen de evolutionistische of de rationalistische opvattingen van de 19e eeuw. Hun belangstelling ging naar de cultus en naar de uiterlijke vormen van de religie. Geleidelijk zijn andere egyptologen tot het inzicht gekomen dat het wezen zelf van de Egyptische godsdienst meer hun aandacht verdiende en zij hebben zich tot taak gesteld het geloofs- en gedachtenleven van de Egyptenaren te belichten. Tot deze richting behoren de werken van W.B. Kristensen, A. de Buck, C.J. Bleeker, S. Morenz, evenals dat van G. van der Leeuw, de specialist van de fenomenologie van de godsdienst. Ook J. Vandier, Christiane Desroches-Noblecourt, J. Černý, É. Drioton, S. Donadoni bezorgden een algemene beschrijving van de Egyptische godsdienst zonder zich bijzonder in te laten met de bovenvermelde hypothesen betreffende zijn oorsprong en voorgeschiedenis.

Een nieuwe poging om dieper door te dringen in de religieuze voorstellingen en in de gehele levensopvatting van de oude Egyptenaren werd, van 1946 af, ondernomen door H. Frankfort op grond van een vergelijking met wat Ernst Cassirer *das mythische Denken* en hijzelf *mythopoeic* of de „mythevormende" denkwijze noemt.[2] Deze wordt bij hedendaagse schriftloze volkeren aangetroffen en berust op het onvermogen om abstract te denken. Veel van wat ons vreemd aandoet in de houding van de Egyptenaren wordt inderdaad begrijpelijker wanneer wij ons trachten vrij te maken van onze analytische en kritische denkwijze, die wij met het syllogisme van de Grieken geërfd hebben.

De voornaamste kenmerken van deze denkwijze zijn de volgende.[3] Er wordt geen onderscheid gemaakt tussen subject en object, tussen ding en persoon; de mens voelt zich persoonlijk betrokken bij datgene wat de ervaring hem biedt; in de natuur ontmoet hij geen „het", maar een „gij". Vandaar dat allerlei voorwerpen gepersonifieerd worden en dat de wereld der dingen op dezelfde wijze wordt opgevat als de samenleving van de mensen. Hieruit volgt verder een volledige gelijkschakeling van het kosmische leven, met zijn gepersonifieerde verschijnselen, en het menselijk leven. Alles participeert in hetzelfde leven en daarom zijn

[2] H. and H.A. Frankfort, J.A. Wilson, Th. Jacobsen, W.A. Irwin, *The Intellectual Adventure of Ancient Man. An Essay on Speculative Thought in the Ancient Near East*, Chicago, 1946; heruitgegeven onder de titel *Before Philosophy*, (*Pelican Books* A 198), Harmondsworth, Penguin Books, 1949. Zie ook Bibliografie.
[3] Deze karakteristieken werden bondig uiteengezet door J. Zandee, *Het ongedifferentieerde denken der Oude Egyptenaren*, Inaugurale rede, Leiden, 1966.

kosmos, goden en mensen consubstantieel. Er bestaat geen tegenstelling tussen transcendentie en immanentie van de goden, tussen theïsme en pantheïsme. Dit kosmische leven is statisch: de wereld is onveranderlijk en de bewegingen die zich erin voordoen zijn niet lineair, doch cyclisch, zij keren telkens naar hun beginpunt terug. Zo krijgen ruimte en tijd een geheel andere betekenis dan bij ons. Zij worden kwalitatief en concreet, niet kwantitatief en abstract opgevat. Waar wezenlijke overeenkomst is verdwijnt de afstand in ruimte en tijd. En zulke overeenkomsten zijn er velerlei, want er is geen grens tussen voorstelling en realiteit, tussen wens en vervulling, tussen woord en ding, beeld en zaak.

Dit mythevormend denken wordt anderzijds gekenmerkt door wat Frankfort de *multiplicity of approaches*, ,,veelvormigheid van inzicht'' noemt. Hiermede wordt bedoeld dat verschillende beperkte inzichten, die ieder afzonderlijk en onder een bepaalde gezichtshoek als waarheid zijn erkend, onafhankelijk van elkaar en gelijktijdig aanvaard kunnen worden. Deze denkvorm maakt het mogelijk eenzelfde probleem van heel verschillende kanten te benaderen zonder dat men zich over de onderlinge samenhang of over de eventuele tegenstrijdigheid tussen de gegevens bekommert.

In het beeld dat wij hier willen schetsen van de godsdienst van de Egyptenaren zal in ruime mate rekening gehouden worden met deze karakteristieken van hun denkwijze die door H. Frankfort in het licht werden gesteld. Wij hopen dat op deze manier de godsdienstige waarden beter tot hun recht zullen komen en dat hun religieus beleven een meer dynamisch uitzicht zal krijgen.

3

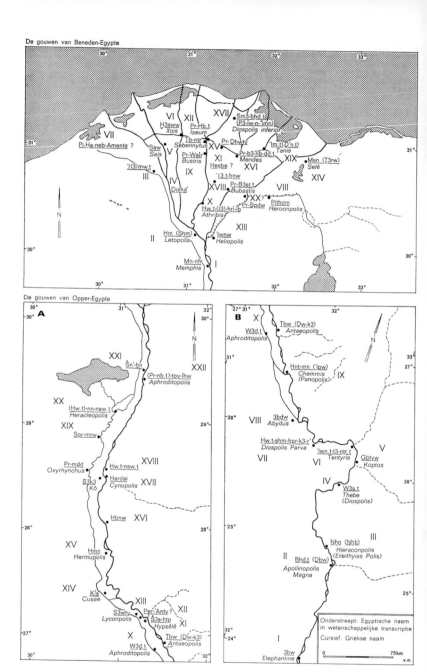

Afb. 1. De gouwen van Egypte. (Uit: *Woordenboek der Oudheid* I, afb. 42).

4

I. DE BRONNEN
VAN DE EGYPTISCHE GODSDIENSTGESCHIEDENIS

Wie met het christendom, het jodendom of de islam vertrouwd is zal onmiddellijk het verschil inzien tussen deze religies en de Egyptische godsdienst. Eerstgenoemde worden vaak als ,,Religionen des Buches" gekenmerkt: de Evangeliën, de Thora en de Profeten, de Koran bieden een samenhangende leer die op een bepaald tijdstip in de geschiedenis geopenbaard werd en die aan de gelovigen kan onderwezen en gepredikt worden. Zij bevat al de voornaamste leerstellingen betreffende geloof en moraal; ook de cultusvormen zijn erin beschreven of kunnen er zonder moeite uit afgeleid worden.

Tegenover deze historische of openbaringsreligies dient de Egyptische zich aan als een natuurgodsdienst, als zodanig verwant met de antieke godsdiensten van Mesopotamië, Hellas en Rome. Voor de Egyptenaar openbaart het Heilige zich in de natuur. Zijn godsdienst berust op de mystieke band die de mens met de natuur verbindt, op de eenheid van het menselijke leven en het leven van de kosmos.

A. Fysisch-geografisch milieu

Om die reden is een eerste bron voor de kennis van deze religie te zoeken in het fysisch-geografisch milieu, met zijn typische flora en fauna, waarin de Egyptenaren leefden. Zoals bekend, bestaat Egypte uit de Delta en uit de ongeveer 1000 km. lange vallei van Opper-Egypte, die van Memphis tot Aswân reikt. (Afb. 1). Deze laatste is aan beide zijden ingesloten door de woestijn, bijna overal zichtbaar, ten westen de Libische en ten oosten de Arabische woestijn. Alleen het vruchtbare, zwarte akkerland werd beschouwd als het eigenlijke Egypte, dat daarom Kemet, Koptisch Kēme en Khēmi, d.i. ,,het zwarte (land)" werd genoemd. De woestijn, Desjeret, ,,het rode (land)" geheten, gold als vreemd, vijandig gebied. (Afb. 2). De westelijke oasen (behalve het

Afb. 2. De dodentempel van Ramses III (Medinet Haboe) situeert zich zoals vele tempels aan de rand van de woestijn. (Uit: *Du ciel de Thèbes*, 27).

Fajoem) en de Wadi Hammamât werden tot Egypte gerekend voor zoverre zij voor het land nut opleverden.

De Egyptenaren maakten een scherp onderscheid tussen de Delta en de Vallei. In de prehistorische tijd hadden deze elk een afzonderlijke staat gevormd en hun vereniging door koning Menes werd als het begin van het historisch tijdperk beschouwd. Toch bleef de herinnering aan de oorspronkelijke tweeledigheid tot aan het einde van de Egyptische geschiedenis voortleven: in de meest gebruikelijke officiële benaming van Egypte, *tawi*, „de beide landen", in de koningstitel *nisoet-biti* (letterlijk „die van de rietplant en van de bij"), die „koning van Opper- en Beneden-Egypte" betekent, in een ander element van de vijfledige koningstitulatuur, de *nebti*-naam of „naam der twee meesteressen", waarmee de gier van Opper-Egypte en de slang van de Delta bedoeld worden. De koning droeg de hoge witte kroon van het Zuiden of de rode kroon van het Noorden, ofwel een combinatie van beide, de dubbele kroon of *Pschent*.

Water en zonnelicht, de onontbeerlijke voorwaarden voor het leven, zijn in Egypte in bijzonder ruime mate voorhanden. De jaarlijkse neerslag van ca. 3 cm. tijdens de wintermaanden in de Delta en de uitzonderlijke stortregens gedurende de zomer in het gebergte spelen praktisch geen rol. De vruchtbaarheid van het land is uitsluitend afhankelijk van de overstroming van de Nijl. Deze bereikt ieder jaar haar eerste hoogtepunt in het begin van september, op de dag dat de Hondsster (Sirius of Sothis) samen met de zon oprijst. Dit verschijnsel kenmerkte in de Oudheid het begin van het nieuwe jaar en van het eerste seizoen van vier maanden, de *achet* of overstromingsperiode; de andere jaargetijden waren *perit*, de winter, en *sjemoe*, de zomer. Als optimale stijging gold die van 16 el (8,368 m.). Door een merkwaardig irrigatiesysteem met dijken en kanalen tot een maximum uitgebuit, waarborgde zij de akkers een buitengewone vruchtbaarheid en een rijke oogst. Was zij lager, dan werd een te klein gedeelte van het land bevloeid en er trad hongersnood op. Was zij hoger, dan kon er niet bijtijds gezaaid worden, met hetzelfde rampspoedig gevolg. Deze afwijkingen waren echter zeldzaam.

Iedere morgen rijst de zon schitterend aan de horizon en voltrekt zijn loop aan een, meestal wolkenloze, helderblauwe en daarna witblakende hemel om tijdens een kortstondige avondschemering majesteitelijk onder te gaan in een oranje en purperen kleurenpracht. De overmatige hitte wordt getemperd, vooral 's zomers, door een bijna bestendige ,,levenwekkende'' noordenwind. Deze bestaat uit de luchtmassa's die van uit de Middellandse Zee door depressies boven het nog warmere Centraal-Afrika worden aangetrokken. Het vergemakkelijkt de scheepvaart op de Nijl, de grote verkeersweg van het land, omdat hij het mogelijk maakt stroomopwaarts te zeilen; van zuid naar noord vaart men met de stroming mee. Alleen tussen april en juni wordt het klimaat van tijd tot tijd ondraaglijk gemaakt door een brandende, met stof en zand geladen zuidenwind, die door een sporadische lage druk in de Sahara ontstaat. Deze wordt thans met een Arabisch woord *chamsin* (d.i. ,,vijftig'') genoemd omdat hij zich bij beurten tijdens een periode van ca. vijftig dagen kan voordoen.

De weldoende werking van de zon en de Nijl verklaart de centrale plaats die zij in de Egyptische beschaving, en niet het minst in de godsdienst bekleden. De Nijloverstroming en de zon worden verpersoonlijkt tot goden (Hapi, Osiris en Rē) en de meeste mythen stonden tot hen in betrekking. Het water van de oeroceaan, waaraan de Nijl geacht werd

Afb. 3. Jacht in het papyrusbos, graf van Menna in de necropool van Thebe.
(Uit: Nina Davies, *Ancient Egyptian Paintings*, pl. LIV).

8

te ontspringen, was het element waaruit alles te voorschijn gekomen is. Ook de verkwikkende wind was goddelijk (verbonden met Amon) en de reis per boot op de Nijl werd het symbool van de voortdurende beweging, bij dag en bij nacht, die aan de zonnegod werd toegeschreven; ook de andere goden en de doden reisden per boot. De regelmaat van het jaarlijkse stijgen van de Nijl en van de daarop volgende jaargetijden, de steeds heldere hemel die de onverstoorbare loop van zon, maan en sterren liet gadeslaan gaven vermoedelijk het ontstaan aan de opvatting van een onveranderlijk, cyclisch weerkerend wereldgebeuren. De vrij algemene afwezigheid van natuurrampen of katastrofen schonk aan de Egyptenaren vertrouwen in de goden en in zichzelf, en een optimistische kijk op het leven. Het aangename klimaat, het heerlijke landschap, de milde gaven van de natuur zetten hen er toe aan vreugde te scheppen in het aards bestaan en er ten volle van te genieten.

Het Egyptische landschap was in de Oudheid op vele plaatsen, voornamelijk in de Delta en het Fajoem, verschillend van thans. De uitgestrekte moerassen waren bedekt met een welige wasdom van papyrusplanten. Aangezien deze een hoogte van 2 tot 5 m. bereiken, vormden zij echte papyrusbossen. De talrijke vissen die de kanaaltjes bevolkten en de vele soorten van vogels die hier nestelden maakten van de papyrusbossen een uitstekend jachtgebied. Een geliefkoosde voorstelling in de graven is die van de voorname Egyptenaar die op een lichte boot, van zijn huisgenoten vergezeld, in het papyrusbos vissen harpoeneert en vogels met de boemerang doodt. (Afb. 3). Ook op de gevaarlijke dieren die hier schuilen, de krokodil en het nijlpaard, maakt hij jacht.

Samen met de eraan grenzende rietvelden diende het papyrusbos tot weiland voor het vee. Hieraan herinnert een tamelijk frequente afbeelding van de goddelijke koe die uit het papyrusbos te voorschijn treedt. (Afb. 4). Het dichte papyrusgewas bood ook veiligheid aan mensen die in gevaar verkeerden en een godin versmaadde het niet haar zoontje in een moeras van de Delta te verbergen voor zijn oom, die hem naar het leven stond. De papyrusplant was voor vele doeleinden nuttig. Niet alleen leverde zij het schrijfmateriaal, maar ook werden uit de samengebundelde stengels boten vervaardigd. De wortel van de plant, die na een aantal jaren verhardt, verving het schaarse hout als brandstof of diende voor het vervaardigen van allerlei gereedschap.

De schors van de stengel werd gevlochten tot korven, matten, koorden, lamppitten, zeven, zeilen en sandalen. Met de bloemen werden ruikers en kransen gemaakt en haar sierlijke vorm inspireerde de kunstenaars bij het ontwerpen van de zuilen en kapitelen der tempels en andere gebouwen.

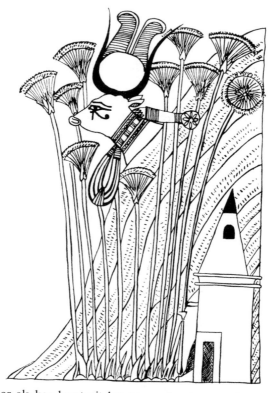

Afb. 4. Hathor als koe komt uit het papyrusbos te voorschijn, vignet in het Dodenboek van Ani. (Naar: G. Jéquier, *Religions ég.*, p. 225).

Een andere plant die nu zelden wordt aangetroffen, de lotus, tierde in de Oudheid welig in de moerassen, op meren en vijvers, en bedekte ze met een kleurrijk tapijt. De meest gewaardeerde was de blauwe lotus met zijn zachte geur, terwijl de witte lotus een sterke en niet bijzonder aangename reuk verspreidt. Niet alleen de bloemen werden geplukt en versierden de ontbijttafel en de huiskamer; de wortelstokken leverden een soort meel dat tot voedsel kon dienen. Terwijl de papyrus de heraldische bloem was van de Delta, verzinnebeeldde de lotus Opper-Egypte. Op de zijwanden van de koningstroon verbeelden tweeslachtige wezens die beide planten samenknopen de vereniging van de Twee Landen. De geur van de lotus werd verpersoonlijkt in de god Nefertem. Hoewel in veel mindere mate dan de papyrus, diende ook de lotusbloem tot siermotief van de zuilen en hun kapitelen.

Bomen zijn in het Nijlland altijd betrekkelijk schaars geweest. Zij groeiden meestal geïsoleerd, soms in groepjes, maar bijna nooit in boomgaarden of bossen. Het meest kwamen de acacia nilotica (van de familie der mimosaceae) en de sycomoor of wilde vijgeboom voor. Deze laatste werd dikwijls nabij de graven geplant en zijn weldoende rol wordt geïllustreerd door de voorstelling van een godin die van uit de boom aan de dode spijs en drank schenkt. (Afb. 5). Het bestaan van boomgodinnen die later met de grote hemelgodin versmolten wordt verder gesuggereerd door de titel „Hathor, meesteresse van de zuidelijke sycomoor".

Afb. 5. De boomgodin voorgesteld op een oesjebti-kist. (Naar: G. Jéquier, *Religions ég.*, p. 220).

Een nog niet geïdentificeerde boom, de *isjed*, wordt de levensboom geheten wegens de frequente afbeelding van de godin Sesjat of van Thot die de naam en de regeringsjaren van de koning op zijn bladeren schrijft. Met het jubileumfeest van de koning houdt een ceremonie van het oprichten van een wilg verband. Andere bomen, waarmee geen symbolisme schijnt te zijn verbonden, waren de vijgeboom, de dadelpalm, de doempalm, de jujubeboom, de perseaboom en de tamarisk.

Het grootste deel van de Egyptische akkerbodem was bezaaid met graangewassen, nl. verschillende soorten van gerst (waaronder hordeum hexastichon en distichon) en twee variëteiten van tarwe, het triticum aestivum en dicoccum. Brood en meelspijzen vormden de basis van de voeding. De meest gebruikte drank was bier, dat uit gerst en vermoedelijk ook uit spelt werd vervaardigd. Daarnaast was de wijnbouw zeer ontwikkeld en voornamelijk verspreid in het westelijk deel van de Delta en in de oasen. Er was een god van het graan (Nepri) en een godin van de oogst (Renenoetet). Het graan dat in de grond sterft om tienvoudig te herleven werd bovendien geïdentificeerd met Osiris, de god die na zijn dood weer tot het leven geroepen werd om te heersen in het hiernamaals. Onder de groenten die in de tuinen van de particuliere huizen en op de dijken geteeld werden, nl. bonen, linzen, grauwe erwten, bokshoorn, komkommers, uien, look, pompoenen, was de bindsalade aan de god Mîn gewijd en zij werd vermoedelijk als een aphrodisiacum beschouwd.

Tot de huisdieren behoren in de eerste plaats de stier en de koe. In de stier vereerden de Egyptenaren de fysische kracht en het teelvermogen. Daarom was „sterke stier" een veelgebruikt epitheton van oergoden en van de koning, wiens vitaliteit de voorspoed van het land waarborgde. Toch was niet de gehele soort heilig doch een bepaald individu werd aan zekere kenmerken als goddelijk herkend en gold als de heraut van een god, nl. de zwarte Apis-stier, de witte Bouchis-stier met zwarte kop en de witte Mnevis-stier. In een drietal steden was een koe de lokale godin. Zij werd met Hathor en Isis geïdentificeerd en zij werd als zodanig een symbool van de hemel. Ook de ram was een vruchtbaarheidsgod en een bepaalde soort die reeds onder het Nieuwe Rijk uitgestorven was, de ovis longipes met horizontale spiraalvormige horens, werd als Chnoem vereerd. De kat genoot in een stad van de Delta goddelijke eer (Oebastet) en de wilde hond speelde onder de naam Anubis een belangrijke rol als dodengod, mummificeerder en beschermer van de necropool. (Afb. 6). Het varken en de ezel waren integendeel onrein en werden met Seth, de god van het kwaad, verbonden of zelfs vereenzelvigd.

Het pluimvee van de Egyptenaren bestond uit duiven en verschillende soorten van eenden en ganzen, die met deeg gemest werden. De gans was het heilig dier van Amon. Het parelhoen was reeds ca. 3000 v.C. tot in

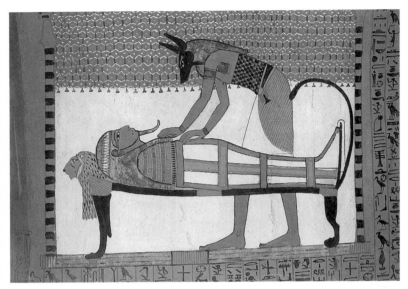

Afb. 6. Anubis als mummificeerder in het graf van Sennedjem te Deir el-Medina. (Foto J.Q.).

de Soedân teruggeweken, evenals de jabiroe-ooievaar, die evenwel een rol bleef spelen als *ba* of „zielevogel". Bijen werden geteeld om de honing en de was; zij waren het symbool van de Delta, naast de rietplant als zinnebeeld van het Zuiden.

De verschillende soorten van dieren die vrij in de natuur leefden waren zeer talrijk. Merkwaardigerwijze werd een roofvogel, de valk, tot hemelgod en zijn verbinding met het koningschap verzekerde aan zijn cultus een grote verspreiding. Een soort van gier, de neophron percnopterus, was de godin van het prehistorische zuidelijke rijk en van zijn hoofdstad Nechbet — El Kâb. Een andere gier, de gyps fulvus, speelde evenmin als de buizerd, de wouw, de kerk- en de steenuil een religieuze rol.

Op de velden leefden de raaf, de kwartel, de muur- en huiszwaluw, de wielewaal, de mus en de hop. Behalve de ijsvogel waren de meeste watervogels steltlopers. De witte ibis was het heilige dier van Thot, hoofd van de Ogdoade (groep van acht goden) van Sjmoen-Hermopolis; de kuifibis verpersoonlijkte de *ach*, de verheerlijkte dode. Aan de zwarte ibis werd daarentegen geen bijzondere betekenis toegekend, ook niet aan de lepelaar, de kluit, de pluvier en de kraanvogel. De kievit stelde het volk

13

voor. Onder verschillende soorten van reigers werd de feniks (ardea cinerea) met de oergod Atoem in verbinding gebracht. Daarentegen waren de wilde eenden en andere zwemvogels, de flamingo en de aalscholver in religieus opzicht neutraal.

Onder de vissen genoten de nijlbaars (lates niloticus), een soort karper, de cyprinus lepidotus en de oxyrhynchus-vis, van de familie der mormyridae, een verering als lokale goden. Buiten hun cultusplaatsen golden zij echter als onrein, evenzeer als de andere Nijlvissen: de tilapia nilotica (Grieks *chromis*, Arabisch *boelti*), de mugil cephalus (Grieks *kestreus*, Arabisch *boeri*), de barbus bynni, de ,,tetrodon fahaka" genoemde egel-vis, de clarias (Grieks *choiris*) en de synodontis, beide laatste van de groep der silurodeae. Sommige onder hen speelden echter in de mythen een rol. Lates en tilapia werden voor vormen van de ,,ziel" gehouden.

In de moerassen en het papyrusbos vond men, naast het kameleon, als een bestendige bedreiging voor het vogelenheer, de wilde kat, de genetkat en de ichneumon, d.i. een soort civetkat, ook faraorat geheten. Deze laatste werd sinds de 22e dynastie met de cultus van verschillende grote stadsgoden verbonden. De rechtopstaande cobra (Naja haje) was de godin van het prehistorische Delta-Rijk (Oeto). Zij was de beschermster van de goden en van de koning en prijkte als zodanig in de vorm van een uraeus aan de diadeem op hun voorhoofd. Hier leefden ook de krokodil en het nijlpaard, het everzwijn en de oeros. De eerste was, onder de naam Sobek-Souchos, het voorwerp van een cultus in het gehele Fajoem maar ook op vele andere plaatsen in Egypte; een zwangere nijlpaardgodin werd bijzonder onder het volk vereerd (Thoëris). (Afb. 7). Anderzijds werden deze dieren echter ook tot het gevolg van de god Seth en tot de vijanden van de zonnegod gerekend. Hiertoe behoorde ook de schildpad, naast de kikvors bewoner van het moeras. De mannelijke goden van de Ogdoade van Sjmoen werden met de kop van een kikvors afgebeeld. Deze werd anderzijds als godin van de geboorte aanbeden en in de Late Tijd werd hij tot een symbool van herleving en verrijzenis.

De randgebieden van de woestijn waren, tenminste in het Oude Rijk, vermoedelijk vochtiger dan nu en hun steppe-achtige vegetatie bood voedsel aan een grote variëteit van hoefdieren: de wilde os en ezel, het wilde schaap of moeflon, de steenbok (ibex), het damhert, verschillende soorten van antilopen, waaronder hertebuffel (bubalis), addax en gazellen, o.a. oryx algazel, oryx leucoryx, dorcas. Deze laatste werden gevangen en vetgemest. Voornamelijk de oryx werd voor onrein gehouden en tot de dieren van Seth gerekend. De gazelle was tegelijk het heilig dier van de godin Anoukis en een typhonisch of Seth-dier. Struisvogels waren een begeerde jachtbuit. Giraffen, apen en bavianen kwamen slechts als tribuut van de onderworpen volkeren naar Egypte. Niettemin verpersoonlijkte de baviaan, naast de ibis, de god Thot. Een andere soort van aap, de meerkat (cercopithecus, Grieks *kêbos*), werd in de Romeinse tijd te Babylon, ten zuiden van het huidige Kairo, vereerd.

De roofdieren waren de gestreepte hyena, de jachtluipaard, de lynx en de leeuw. De leeuwenjacht schijnt een koninklijk privilege geweest te

Afb. 7. Thoëris en Anoukis in het graf van Nechtamon te Deir el-Medina. (Foto J.Q.).

15

Afb. 8. Leeuwenjachtscène op de dodentempel van Ramses III te Medinet Haboe. (Foto J.Q.).

zijn. (Afb. 8). Over geheel Egypte werden leeuwinnen als godinnen vereerd, voornamelijk aan de wadi's of woestijndalen langswaar de dieren in het bebouwde land binnendrongen. Doch ook de cultus van leeuwen en van leeuwenparen is bekend, bijvoorbeeld in de Delta. De leeuw en de sfinx, d.i. de leeuw met mensenhoofd, kunnen als voorstelling dienen van de zonnegod en van de koning. Ook Horus kan als leeuw afgebeeld worden. De aan de zijkanten van de koningstroon gebeeldhouwde leeuwen hebben tot taak deze te bewaken en te beschermen. Dezelfde rol wordt toebedacht aan de beelden van leeuwen die vóór de ingang van de tempels geplaatst worden, aan de deurgrendels en de spijers in de vorm van leeuwen.

In de holen van het gebergte leefden de haas, de vos, de woestijnvos (fennecus zerba), het stekelvarken, de egel, de honingdas, de zorillawezel, de springmuis en de spitsmuis, de gewone ratten en muizen. Alleen aan de eerste, de vrouwelijke haas, kan met zekerheid een religieuze betekenis, als dier van de godin Oenoet, toegekend worden. Hier schuilden ook verschillende soorten van hagedissen, waaronder de gekko en de monitor, alsook slangen, zoals de hoornslang, de echis en de adder met zwarte staart. Het geheimzinnige wezen van de slang heeft op de

16

Egyptenaren, zoals op de meeste volkeren, indruk gemaakt. Zij beschouwden haar als door autogenese uit de aarde ontstaan en noemden haar daarom *sa-ta*, „zoon van de aarde". Hieraan is het wellicht toe te schrijven dat, volgens hun opvatting, de vrouwelijke oergoden der Ogdoade van Hermopolis koppen van slangen, nl. van hoornslangen, hadden. Het is niet altijd gemakkelijk uit te maken welke soort van slang een bepaalde godheid verpersoonlijkt, bijv. de vruchtbaarheidsgodin Renenoetet en de god van de lotsbestemming Sjai — Agathos Daimon in de Late en Hellenistische tijd. De gevaarlijke en giftige slangen konden even goed als de andere een weldoende invloed uitoefenen omdat men, zoals voor de boven vermelde brilslang of cobra, zich hun kracht dienstbaar maakte als bescherming tegen de vijanden. Zo waren er slangen die de dode in het hiernamaals beschermden en een slang vergezelde de zonnegod in zijn nachtreis door het dodenrijk. Overigens herhaalde de slang als chthonisch dier in de aarde het leven van de zonnegod. Anderzijds echter was een soort draak of reuzenslang, Apophis, de grote vijand en tegenstrever van Rē en Osiris. (Afb. 9). In de koningsgraven uit het Nieuwe Rijk komen allerlei demonen voor in slangengestalte die, vuur spuwend en met messen gewapend, de poorten van de onderwereld bewaken.

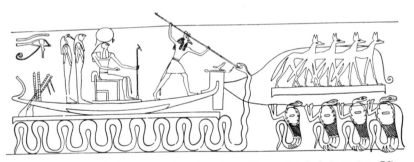

Afb. 9. Het doden van de Apophis-slang. (Naar: *Mythol. Papyri*, p. 75).

De waterschorpioen, later ook de schorpioen, werd tot een beschermende godin, Selket. Van de andere schadelijke of hinderlijke dieren, zoals de sprinkhaan, de vleermuis, vlooien en luizen, gold de vlieg alleen als symbool van moed en dapperheid. Bijzonder dient hier nog vermeld de skarabee of mestkever, die, vermoedelijk alleen op grond van de homonymie van zijn naam, *cheprer*, met het werkwoord *cheper*,

,,worden, ontstaan", vereenzelvigd werd met de oergod Atoem en, langs deze om, met de nieuwgeboren morgenzon. De mestbal die hij tussen zijn poten pleegt voort te rollen werd omgevormd tot een beeld van de zon.

B. Geschreven en archeologische bronnen

Van de geschreven en archeologische bronnen die ons de Egyptische godsdienst leren kennen zijn de eerste vanzelfsprekend de belangrijkste. Het bewustzijn dat de Egyptenaar had van de eenheid van het menselijke leven en van het leven van de kosmos vond zijn uitdrukking in kosmogonieën en natuurmythen, doch het gebeurt zelden dat wij van deze een samenhangende uiteenzetting vinden. Meestal komen alleen fragmentarische uitlatingen en zinspelingen hierop voor in de funeraire teksten en in het ritueel, in hymnen enz. die bij de cultushandelingen gereciteerd of gezongen worden. Uit deze verspreide gegevens moeten wij trachten het geheel te reconstrueren.

Deze rituële teksten zijn bewaard op papyrus, op stèles of op tempelwanden.

Tot de funeraire teksten behoren in de eerste plaats de Piramideteksten, zo genoemd omdat zij op de wanden van gangen en grafkamer gebeiteld zijn in de piramiden van Oenas en van koningen en koninginnen van de 6e dynastie te Saqqara. Ten dele bestaan zij uit een ritueel dat de handelingen begeleidde die de dode koning, na reiniging en mummificatie, een gelukkig voortleven in het hiernamaals moesten verzekeren. Een hele liturgie heeft ook betrekking op de offergaven die de dode koning gebracht worden. Bovendien moeten toverspreuken verhoeden dat hij honger of dorst lijdt, hem beschermen tegen allerlei gevaren, o.a. vanwege schadelijke dieren, alsook het graf in stand houden. Deze verzamelingen van teksten, die naargelang van de piramiden grote verschillen vertonen, bevatten verder hymnen, fragmenten van een koningsritueel, van een soort van oude mysteriespelen enz.

In de tijd van de 11e tot de 17e dynastie komen de Sarkofaagteksten in de plaats van de Piramideteksten. Het zijn grotendeels dezelfde spreuken als deze laatste, maar zij zijn op houten lijkkisten in cursieve hiërogliefen geschreven en tengevolge van het verschijnsel van de ,,democratisering" komen zij nu vooraanstaande Egyptenaren ten goede.

De mythische themata bieden hier een grotere verscheidenheid dan in de Piramideteksten. Er zijn ook exemplaren van de papyri bewaard waaruit de spreuken gekozen werden die op de lijkkisten werden aangebracht. Zulke zijn de P. Berlijn 10482 en drie papyri die aan A. H. Gardiner hebben toebehoord en die zich thans resp. in het British Museum, in het Oriental Institute Museum te Chicago en in het Louvre bevinden.

Onder de 18e dynastie ontstaat de gewoonte de dode een papyrusrol, het z.g. Dodenboek, in het graf mee te geven en dit gebruik leeft voort tot in de Ptolemaeische en Romeinse tijd. (Afb. 10). De spreuken die het bevat zijn een direkte voortzetting van die der Sarkofaagteksten en zij zijn, zoals deze, overwegend magisch van aard. Toch worden hierin ook nog hymnen aan de zonnegod aangetroffen. Een ,,boek'' is het eigenlijk niet. Misleidend is ook de naam ,,kapittel'' die R. Lepsius gaf aan de genummerde onderverdelingen die hij in 1842 invoerde in zijn editie van een Dodenboek; deze nummering werd aangevuld door E. Naville in zijn uitgave van Dodenboeken van het Nieuwe Rijk en nadien algemeen aanvaard.

Eveneens sinds de 18e dynastie komen op de wanden van de koningsgraven, soms op hun sarkofagen, funeraire teksten voor die in die periode aan de vorsten schijnen voorbehouden te zijn. Zij bieden een beschrijving van de reis die de zonnegod Rē in zijn boot tijdens de uren van de nacht door de onderwereld onderneemt en zij worden ook ,,boeken'' genoemd, nl. ,,het Boek van de Amdoeat (d.i. van wat in de onderwereld is)'', ,,het Boek der Poorten'' en ,,het Boek van de Spelonken''.

Over de persoonlijke godsvrucht van de Egyptenaren worden wij ingelicht door stèles welke zij in tempels of in de necropolen, bijv. te Abydus, oprichtten: hun smeekbede of hun dankgebed tonen duidelijk hoe zij zich hun verhouding tot de godheid dachten. Ook op papyrus zijn dergelijke teksten bewaard.

In de Egyptische literatuur vinden wij allerlei gegevens over de godsdienst. Als een apart geheel dienen echter beschouwd te worden de werken van de wijsheidsliteratuur, die ons een beeld ophangen van de ethiek en van de moraal. Wat als goed en wat als kwaad werd beschouwd wordt verder uitvoerig beschreven in de autobiografieën die de voorname Egyptenaren in hun graf lieten aanbrengen. Ook de z.g. negatieve confessie, in het 125e kapittel van het Dodenboek, geeft hiervan een soort samenvatting.

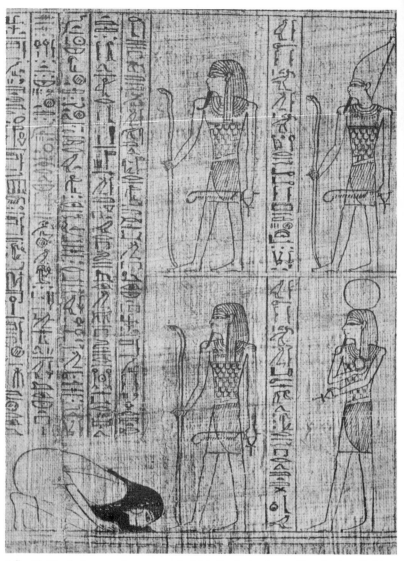

Afb. 10. De dode voor demonen geknield, Dodenboek van Taoeherit te Leiden.
(Uit: *Kunst voor de eeuwigheid*, afb. 14).

Onder de archeologische overblijfsels zijn in de eerste plaats de buitengewoon goed bewaarde tempels van Edfoe, Dendara en Philae van groot belang, waarmee de ruïnes van de andere heiligdommen

Afb. 11. Dendara: vanop de Hathor-tempel, zicht op de geboortetempels en de toegangspoort. (Foto J.Q.).

kunnen vergeleken worden. (Afb. 11). Zij verschaffen ons kostbare gegevens over de cultus omdat in de verschillende delen van het gebouw de rituele handelingen afgebeeld worden die men er voltrok.

De zeer talrijke begraafplaatsen, van de piramiden met hun dodentempels en de mastaba's uit het Oude Rijk tot de rotsgraven uit het Nieuwe Rijk, illustreren de opvattingen der Egyptenaren betreffende het leven na de dood.

Tenslotte zijn er ontelbare afbeeldingen van Egyptische goden bewaard, zowel in reliëf als gesculpteerde beelden, grote en kleine, die ons een volledig inzicht geven in dit pantheon. Velerlei amuletten, skarabeeën, figuurtjes met execratieteksten enz. geven een beeld van de verschillende toverpraktijken.

21

II. DE EGYPTISCHE GODEN

De Egyptische woorden voor „god", „godin" zijn *netjer, netjeret*. Zij werden, na vroegtijdig verlies van de mouillering, *nātar, natārat* uitgesproken. In het jongste stadium van de taal, het Koptisch, luidden zij als *nūte, entōre*. De enige bevredigende etymologie schijnt een verwantschap te vertonen met de Semitische stam *nkr*, die in het Hebreeuws en het Arabisch algemeen het begrip „vreemd, onbekend" weergeeft; vgl. Hebr. *nokrī* „vreemd, anders, vreemdsoortig, ongewoon, niet-joods", Arab. *nakir* „niet kennen, ontkennen, loochenen, afkeuren".[1] Wanneer wij bedenken dat voor de fenomenologen het goddelijke, het heilige juist het „andere" is,[2] dan ziet het er naar uit dat de Egyptenaren de enige zijn onder de volkeren die dit bewust in hun godsnaam uitgesproken hebben. De coïncidentie is zo buitengewoon dat zij de bemerking oproept „es ist zu schön um wahr zu sein"...

Het merendeel der Egyptische goden zijn ofwel kosmische goden, d.z. personificaties van natuurkrachten, ofwel heilige dieren. Tussen beide bestaat er overigens geen scherpe tegenstelling; hoewel de eerste meestal als mensen worden afgebeeld zijn er onder hen ook die een diergedaante hebben.

A. Kosmische goden

Er werd reeds op gewezen dat de Egyptische godsdienst, een natuurgodsdienst, op de eenheid berust tussen het menselijke leven en het leven van de kosmos. Het is dan ook vanzelfsprekend dat de personificatie van natuurkrachten hier een grote rol speelt. De aard van deze goden brengt

---

[1] Zie M. Cohen, *Essai comparatif sur le vocabulaire et la phonétique du chamitosémitique*, Parijs, 1947, no. 453; W. Vycichl, *Festschrift H. Junker*, II = *MDAIK*, 16 (1958), p. 394 v.

[2] Vgl. G. van der Leeuw, *La religion dans son essence et ses manifestations*, (*Bibliothèque scientifique*), Parijs, 1948, § 1,2 (p. 9); R. Otto, *The Idea of the Holy*, Oxford, 1943.

met zich mee dat zij geen uitgesproken individualiteit bezitten, ook dat er geen tegenstelling bestaat tusen transcendentie en immanentie.

Reeds van in de oudste tijden is Horus een transcendente hemelgod die, onder de gedaante van een valk, zijn vleugels over de aarde uitspreidt. Zijn ogen zijn de zon en de maan. Dank zij zijn verbinding met het koningschap geniet hij in het hele land en in alle perioden van de Egyptische geschiedenis een grote verering.

Daarnaast bestaat er een hemelgodin, Noet. Zij wordt afgebeeld als een voorovergebogen vrouwenfiguur met de voeten op het oostelijke uiteinde van de aarde terwijl de handen het westelijke uiteinde raken. Iedere morgen baart zij de zonnegod uit haar moederschoot en 's avonds ontvangt zij hem weer in haar mond. Een andere voorstelling is die van Noet als hemelkoe die de zon en sterren baart. (Zie afb. 20 en 26).

De echtgenoot van Noet is de aardgod Geb. Hoewel hij meestal als immanent in de aardbodem opgevat wordt, zodat men de vegetatie beschrijft als „wat groeit op de rug van Geb", toch wordt hij ook als man gepersonifieerd. Hij kan tevens als aardstier de mannelijke vrucht-baarheid van de aarde vertegenwoordigen zoals de koegodin Noet de vrouwelijke vruchtbaarheid van de hemel is. Parallel met Geb wordt nog een aardgod Ta-tenen vermeld, die nauw verbonden werd met de god Ptah van Memphis.

Zoals de lucht de aarde van de hemel scheidt, zo wordt ook de personificatie ervan, Sjoe, voorgesteld als een god die het lichaam van zijn dochter Noet opheft boven zijn zoon Geb, die op de grond ligt uitgestrekt. (Afb. 12). Het symbool van Sjoe is een veer. De zuster van Sjoe is de godin van de vochtigheid Tefnet. Beiden worden ook als leeuwenpaar voorgesteld.

Buitengewoon belangrijk is de zonnegod Rē omdat het ritme van zijn dagelijkse op- en ondergang correlatief was met het probleem van leven en dood bij de mens. Na zijn verdwijnen in het Westen en in de onderwereld betekent zijn dagelijks opgaan een overwinning op duister-nis en dood. In de dood verzamelt de zon nieuwe levenskracht; hij is de drager van absoluut leven, d.w.z. een leven dat leven en dood in een hogere synthese verenigt. De levenwekkende kracht van de zon maakt dat hij verschijnt als een schepper, de bron van alle bestaan, terwijl zijn onveranderlijke baan aan de hemel een voorbeeld is van orde en gerechtigheid. Enerzijds wordt Rē als een oergod geschilderd die uit zichzelf ontstaan is. Anderzijds roemen de teksten zijn geboorte uit de

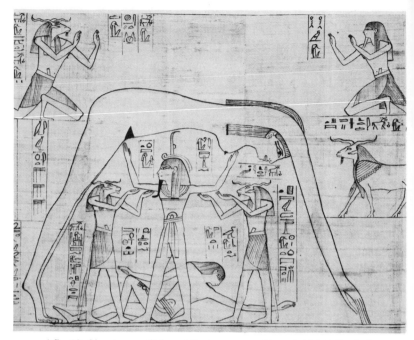

Afb. 12. Sjoe tussen Geb en Noet, papyrus Greenfield (ed. Budge).

goddelijke koe Noet. Hier openbaart zich dus die „veelvormigheid van inzicht" die het bestaan van de meest verschillende aspecten van de werkelijkheid naast elkaar duldde.

Een grote kosmische god is Amon onder het Nieuwe Rijk geworden door zijn verbinding met de zonnegod tot Amon-Rē. Zoals zijn naam, „de verborgene", aanduidt, was hij aanvankelijk misschien de personificatie van een abstractie. Maar het kan ook zijn dat hij van meetaf aan een luchtgod was en dat zijn naam wijst op het overal aanwezige maar onzichtbare levenselement. Hierop zou dan zijn vereenzelviging met Sjoe, onder het Nieuwe Rijk, berusten. Het is leérrijk na te gaan hoe zelfs deze oppermachtige en universele rijksgod nog een zeker karakter van immanentie bewaard heeft, zoals blijkt uit het volgende citaat uit een hymne: „Hij leeft in wat Sjoe opheft tot aan de grenzen van de hemelbaan. Hij gaat in alle bomen, en zij worden bezield, met wuivende takken... Hij wekt de hemel tot woede en de zee tot opstandigheid en zij worden (weer) rustig als hij tot rust komt. Hij brengt de goddelijke Nijl tot overstroming als zijn hart dit wenst... Men hoort zijn stem maar men ziet hem niet terwijl hij alle kelen doet ademen. Hij versterkt het hart van haar die in barensnood is en laat het kind dat zij baart leven".[3]

Osiris leefde in het jaarlijks ontkiemen van het graan, in de overstromende wateren van de Nijl, in de maan. (Afb. 13). Het was de wens van

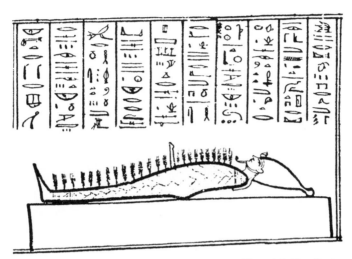

Afb. 13. Osiris als vegetatie-god, papyrus Jumilhac (ed. Vandier).

iedere Egyptenaar na zijn dood een Osiris te worden om op die manier opgenomen te worden in het grote ritme van het heelal. Osiris was bovendien een koning uit de oertijd. Bij iedere regeringswisseling in Egypte herhaalde zich de troonsbeklimming van Horus als opvolger van zijn vader Osiris.

B. Heilige dieren en voorwerpen

De Egyptenaren aanbaden ook heilige voorwerpen: de belangrijke godin Isis, zuster en echtgenote van Osiris, is een personificatie van de koningstroon; de jeugdige god Nefertem was verbonden met de lotus-

---

[3] Naar K. Sethe, *Amun und die acht Urgötter*, geciteerd door H. Frankfort, *De levensopvatting der oude Egyptenaren*, p. 36 (verder geciteerd als: *Levensopvatting*).

bloem en het symbool van de godin Neith is een archaïsch schild met twee gekruiste pijlen.

Nog in veel hogere mate ging hun verering naar heilige dieren; bijna ieder dorp of stad had als lokale god een heilig dier. De evolutionistische theorieën zagen hierin fetisjen en totems die geleidelijk, tengevolge van het antropomorfisme, tot persoonlijke goden waren uitgegroeid. Deze werden dan als mensen afgebeeld met de kop van het dier waaraan zij hun oorsprong ontleenden, ofwel droegen zij boven een mensenhoofd het voorwerp, of de attributen van het dier dat zij aanvankelijk waren. Deze „uitleg" is algemeen verworpen geworden omdat zelfs de oudste Egyptische maatschappij geen parallellisme vertoont met die van de volkeren die het totemisme huldigen. Bovendien is het niet zo, dat het aanbidden van dieren in Egypte als een primitief stadium geldt, wat met het voortschrijden van de beschaving meer en meer verlaten werd.

Afb. 14. De dignitaris Psammetichus beschermd door de Hathor-koe. (Uit: *Treasures ... from the Cairo Museum*, n° 38. CG 784).

Integendeel, de diercultus heeft er juist in de laatste periode, wanneer de Egyptenaren met Grieken en Romeinen in nauwe aanraking waren gekomen, een tevoren ongekende bloei beleefd. Men kan bijvoorbeeld ook nog aanvoeren dat de godin Hathor enerzijds al in de eerste dynastie, op het palet van koning Narmer, weergegeven wordt met een

26

menselijk gezicht, koehorens en koeoren, maar dat zij anderzijds nog in de Late Tijd voorkomt als een koe die een privaatpersoon, Psammetichus genoemd, beschermt.[4] (Afb. 14).

Indien wij de totemistische verklaring verwerpen, plaatst de dierverering van de Egyptenaren ons voor een moeilijk probleem. In andere landen, bijv. in Afrika, of Noord-Amerika, schijnt zij te kunnen worden verklaard òf uit de angst voor het dier, òf uit een bijzondere afhankelijkheid van mens en dier, nl. in gebieden die van veeteelt leven. In Egypte echter vinden wij als diergoden, naast de slang, de krokodil, de gier, de valk en de leeuw, of naast rund en schaap, ook de ibis, de kat, de kikvors, de skarabee, de duizendpoot. Bovendien mag niet uit het oog verloren worden dat de verhouding tussen een god en zijn dier sterk kan variëren. Wanneer van Horus gezegd wordt dat hij een valk is, dan geloofde men blijkbaar dat hij zich òf in een bepaalde valk òf in het geslacht valk openbaarde. Deze opvatting gold waarschijnlijk voor het merendeel der diergoden. Doch het gebeurde ook dat een god zich in meer dan één diersoort incarneerde. Thot, bijvoorbeeld, manifesteerde zich in de maan, in de ibis, maar ook in de baviaan. (Afb. 15). In zulk geval is de samenhang tussen de god en de symbolen, en tussen deze onderling, moeilijk te achterhalen. Geheel anders was dan weer de verhouding tussen de Apis-stier en Ptah. De Apis-stier openbaarde zich niet in de gehele soort, maar telkens opnieuw in één enkel dier, dat door speciale kenmerken kon geïdentificeerd worden. Hij was niet de incarnatie van de god, maar hij wordt genoemd „de heraut van Ptah"; hij was dus de dienaar die zelf goddelijk was. Precies in dezelfde verhouding stond de Mnevis-stier tot de zonnegod Rē.

Na deze voorafgaande bemerkingen tracht H. Frankfort de Egyptische dieraanbidding door de hier volgende hypothese te verklaren: „Ons vluchtig overzicht van de verschillende betrekkingen tussen goden en dieren in Egypte verduidelijkt de rol van de laatsten niet. Maar juist de afwezigheid van de algemene regel en de grote verscheidenheid van de vereerde dieren suggereren, naar mij toeschijnt, dat wat aan deze betrekkingen ten grondslag lag, in hoofdzaak een religieuze eerbied was voor al het dierlijke leven; m.a.w. het schijnt alsof *dieren als zodanig* een religieuze betekenis voor de Egyptenaren hadden. Dit kan mede bepaald zijn door een religieuze interpretatie van het *anders zijn* van de dieren.

---

[4] Voorbeeld aangehaald door H. Frankfort, *Levensopvatting*, p. 21.

Elk specifiek religieus gevoel impliceert een erkenning van *anders-zijn*, zoals Otto heeft aangetoond. Wij mogen dus aannemen dat de Egyptenaar het niet-menselijke vooral dan als bovenmenselijk interpreteerde, wanneer hij het waarnam in dieren — in hun sprakeloze wijsheid, hun zekerheid, hun onfeilbaar kunnen en vooral in hun statische realiteit...

Afb. 15. Thot als baviaan met maanschijf en -sikkel op het hoofd, graf van Nechtamon te Deir el-Medina. (Foto J.Q.).

De dieren veranderen nooit en speciaal in dit opzicht schijnen zij — in een mate die de mens onbekend is — deel uit te maken van de fundamentele natuur der schepping. Wij zullen in de volgende hoofdstukken zien dat de Egyptenaren hun levende wereld beschouwden als een rhythmische beweging, gevat in een onveranderlijk geheel... Nu verschilt de mensheid in dit opzicht van de dieren, dat in de menselijke wezens individuele karaktereigenschappen overwegen boven de kenmerken van het geslacht. Alleen de diersoorten zijn onveranderlijk, de levenswijze volgend die hun voorbeschikt is, ongeacht het feit dat individuen door anderen vervangen worden. Zo kon dus de Egyptenaar het dierleven als bovenmenselijk zien, juist in zoverre als het onmiskenbaar deel had aan het statische leven van het heelal. En om diezelfde reden was de erkenning van het *anders-zijn* van de dieren voor de Egyptenaren tegelijkertijd de erkenning van het goddelijke in hen".[5]

Van deze lokale goden zijn er enkele tot hun oorspronkelijke streek beperkt gebleven, maar zeer vele hebben ook in andere gebieden, dikwijls zelfs over heel Egypte, erkenning gevonden. Dit gebeurde ten dele hierdoor, dat goden die tot dezelfde diersoort behoorden met elkander geïdentificeerd werden. De valken die op talrijke plaatsen de lokale god waren werden met elkander en met Horus gelijkgesteld; de verschillende rammen werden met Chnoem geïdentificeerd. Maar dit zogenaamde syncretisme kon ook goden van zeer verschillende aard samenbrengen, bijv. Noet — Hathor — Isis. Onder het Nieuwe Rijk vertoont zich een neiging om allerlei goden met Rē te identificeren. Naast Rē-Atoem en Amon-Rē, en naar hun voorbeeld, ontstonden de verbindingen Chnoem-Rē, Sobek-Rē, Montoe-Rē enz. Dit hield gelijke tred met de tendens om van iedere lokale god de hoogste god, of zelfs de enige god te maken, van wie de andere goden niets dan de verschijningsvormen of hypostasen waren. Deze laatste opvatting wordt onder de naam „henotheïsme" tegenover het „monotheïsme" geplaatst. Zij stelt de idee voorop van de eenheid der goddelijke natuur.

C. Andere goden

Tot een derde reeks behoren de goden die abstracte begrippen verpersoonlijken. De naam van de oergod Atoem van Heliopolis bevat de stam *tem* „voltooien" en hij werd door de Egyptenaren wel eens geïnterpreteerd als „de nog niet voltooide, die zich zal voltooien". Over het wezen van Maät, de godin van de kosmische orde, zal verder gehandeld worden. Ook de begrippen Hoe, het scheppend woord, en Sia, het goddelijke inzicht, zijn gepersonifieerd geworden.

[5] H. Frankfort, *Levensopvatting*, p. 22-42.

Egypte kende bovendien de cultus van vergoddelijkte mensen, die echter meer als een soort heiligen of voorsprekers van de mensen dan als goden beschouwd werden. Hiertoe behoren Kagemni, vizier van koning Teti (6e dynastie), zijn vermoedelijke opvolger Isi, die als gouwvorst van Edfoe stierf, en Heqaïb, nomarch van Elephantine op het einde van het

Afb. 16. De heiligen Imhotep en Amenhotep in het gevolg van Ptah en Hathor, Ptah-tempel te Karnak. (Uit: D. Wildung, *Imhotep* ..., p. 203).

Afb. 17. Een voorstelling van Bes op een „pelgrims"-flesje. (Vgl. J. Baines - J. Málek, *Atlas van het Oude Egypte*, p. 217).

Oude Rijk. In tegenstelling met deze bloeide de cultus van Imhotep, bouwmeester van Koning Djoser (3e dynastie), en van Amenhotep zoon van Hapoe, een gunsteling van Amenhotep III, eerst in de Ptolemaeische tijd. (Afb. 16). Hierbij sluit aan, in de Romeinse Periode, de vergoddelijking van Antinoüs, de gunsteling van keizer Hadrianus. Ook enkele koningen werden na hun dood het voorwerp van een bijzondere verering: Amenemhet III in het Fajoem onder de naam Pramarrês, Porramanrês, d.i. ,,farao *Ni-maät-ra* (zijn intronisatienaam)'', en Amenhotep I, samen met zijn moeder Ahmes Nefertari, in de necropool van Thebe.

Tenslotte moet nog gewezen worden op het bestaan van allerlei weldoende of boze geesten en demonen, zoals Apophis, Bes en de vele monsterachtige wezens uit het Dodenboek en uit de andere ,,boeken'' op de wanden der koningsgraven van het Nieuwe Rijk. (Zie afb. 10 en 17).

III. KOSMOGONIEËN EN ANDERE MYTHEN

Op grond van een vergelijking tussen zeer verschillende volkeren bij wie de mythe nog een functie vervult geeft Mircea Eliade van deze de volgende beschrijving: 1. de mythe is de geschiedenis van de daden van de bovennatuurlijke wezens; 2. deze geschiedenis wordt beschouwd als absoluut waar (omdat zij betrekking heeft op realiteiten) en als heilig (omdat zij het werk is van bovennatuurlijke wezens); 3. zij heeft altijd betrekking op een ,,schepping'', zij verhaalt hoe iets ontstond of hoe een gedragswijze, een instelling, een werkwijze gevestigd werden; 4. wie de mythe kent, kent de oorsprong der dingen, die hij derhalve kan beheersen en naar willekeur hanteren; dit is geen uitwendige, abstracte kennis maar een kennis die op een rituele wijze ervaren wordt, hetzij door de mythe op een plechtige manier te verhalen hetzij door het ritueel te voltrekken waarvan de mythe de rechtvaardiging is; 5. men kan de mythe op de ene of andere wijze beleven, in die zin dat men aangegrepen wordt door de heilige, geestvervoerende kracht van de gebeurtenissen die in herinnering worden gebracht of opnieuw opgevoerd. Wie de mythe beleeft verhaalt niet alleen het mythisch gebeuren maar brengt het ook tot stand. Door zijn toedoen zijn de personages van de mythe aanwezig en wordt hij hun tijdgenoot. Dit betekent dat hij zich niet meer in de historische tijd bevindt maar in de oertijd, toen dit gebeuren voor het eerst plaats had. Zulk een herhaling of opvoering van een kosmogonische mythe heeft elk jaar plaats bijv. bij de Australiërs, bij verschillende Indianenstammen uit Californië en Oklahoma. Zij beoogt de herschepping van de wereld en de hernieuwing van het leven.[1]

Zoals bij deze volkeren staat de kosmogonie ook bij de Egyptenaren in het centrum van de religieuze belangstelling. Ontelbaar zijn de toespelingen op de schepping, waarin gezegd wordt dat iets bestaat sinds, of weer geworden is zoals ,,de eerste keer'' (*sep tepi*). In hun

[1] M. Eliade, *Myth*, in *Encyclopaedia Britannica*, ed. 1965, vol. 15, p. 1132b - 1140a, inz. 1135a, 1136a.

statische wereldbeschouwing is de schepping inderdaad de enige uitzonderlijke verandering die zich ooit heeft voorgedaan; zij maakte uit het niet-zijn de volheid van het bestaan en deed uit de chaos de orde oprijzen. Zij was het begin van de cyclische, ordevolle wijzigingen die voortaan het levensritme van dit onveranderlijk heelal zouden bepalen, nl. de bewegingen der sterren en planeten, de wisseling van dag en nacht, van droogte en overstroming, de opeenvolging van de jaargetijden. Doch de uitdrukking „de eerste keer" wijst er op dat de schepping evenmin een uniek gebeuren was. Zij heeft de duistere machten van de chaos alleen verbannen naar de uiterste grenzen van de kosmos. Vandaar blijven deze het broze evenwicht van de wereld bedreigen en zij worden alleen bedwongen door een voortdurende, dagelijks hernieuwde schepping, waarvoor de cultus de onontbeerlijke voorwaarden biedt.

A. De kosmogonie van On-Heliopolis

De voornaamste van de Egyptische kosmogonieën is die welke tot hoofdpersonage Atoem heeft, de god van Ioenoe-On. (Afb. 18). Zij kan in haar oudste vorm gereconstrueerd worden op grond van toespelingen in de Piramideteksten, hoewel ook hier reeds een spoor voorhanden is van verschillende tradities. In het begin der tijden bestond alleen het oerwater, de Noen, die alles vervulde. Hieruit is Atoem door eigen macht ontstaan. Toen Atoem in Noen geen plaats vond waarop hij staan kon werd hij hoog als een heuvel (vgl. *Pir.* 1587 en 1652). Op deze heuvel ging Atoem staan, hij „gaat tot zelfbevrediging over in Heliopolis, hij vat zijn penis in zijn vuist om daarmee zijn lust op te wekken: twee kinderen (worden geboren) Sjoe en Tefnet" (*Pir.* 1248); deze verpersoonlijken de lucht en de vochtigheid. Volgens een andere voorstelling (bijv. *Pir.* 1652) spuwde hij dit eerste godenpaar uit. Deze schijnt haar oorsprong te vinden in een woordspeling op hun namen: de werkwoorden *isjesj* en *tef* betekenen allebei „uitspuwen". Sjoe en Tefnet baarden de aarde, Geb, en de hemel, Noet, en dezen brachten op hun beurt twee godenparen voort: Osiris en Isis, Seth en Nephthys. Zo was de grote Enneade van Heliopolis volkomen. De opname van deze laatste goden bewijst dat de Osirismythe reeds in de oudste tijden een grote gunst genoot.

Ook de zonnegod Rē is vroeg met de Enneade of groep van negen goden van On verbonden geworden en de Griekse naam van de stad, Heliopolis, toont aan hoe zeer hij deze overvleugeld heeft. De verering van deze kosmische god schijnt onder de vierde, en bijzonder onder de vijfde dynastie een periode van expansie gekend te hebben. De namen van verschillende koningen worden dan immers met de naam van de zonnegod samengesteld: Chephren en Mycerinus luiden in het Egyptisch Chaf-Rē en Men-kaoe-Rē en hun opvolgers heten Sahoe-Rē, Ni-oeser-Rē enz. In deze tijd ontstaat er ook een nieuwe koningstitel, die de koning als *sa Rē*, „zoon van Rē", kenmerkt. Volgens een verhaal dat in de Papyrus Westcar overgeleverd werd waren de eerste drie koningen van de 5e dynastie de kinderen van de vrouw van een Rē-priester en van Rē zelf. De eerste onder hen was hogepriester te On voordat hij koning

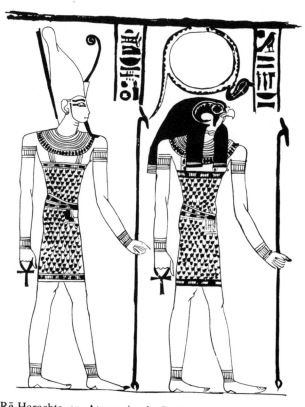

Afb. 18. Rē-Harachte en Atoem in de P. Harris n° 1. (Naar: G. Jéquier, *Religions ég.*, p. 105).

werd. Zij zijn het ook die te Aboe Goerab hun zonnetempels hebben gebouwd.

Deze verbinding is op twee verschillende manieren geschied. Enerzijds werd Rē met de oergod geïdentificeerd als Rē-Atoem of Atoem-Rē. Al wat vroeger over Atoem beweerd werd kon nu ook van Rē gezegd worden. Zo lezen wij in het 17e kapittel van het Dodenboek: „Ik ben Atoem toen ik alleen was in Noen; ik ben Rē in zijn (eerste) verschijning, toen hij begon te heersen over wat hij gemaakt had''; deze identiteit wordt nog onderstreept in de commentaar die volgt. Of de dagelijkse kringloop der zon werd in drie fasen ingedeeld. (Afb. 19).

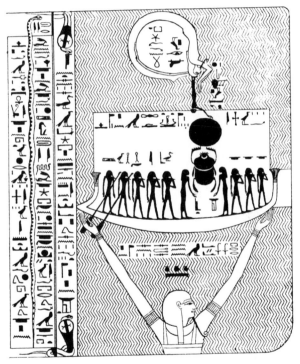

Afb. 19. Noen heft de zonnebark omhoog, sarkofaag van Seti I. (Naar: G. Jéquier, *Religions ég.*, p. 61).

Cheprer, „hij die (vanzelf) ontstaat'', een naam van Atoem, door een skarabee weergegeven, doelde op de morgenzon (ook Rē-Harachte, „Rē-Horus in de horizon'', genoemd), Rē was de overdag zichtbare zonneschijf, en Atoem werd de naam van de ondergaande avondzon. (Zie afb. 18). Deze opvatting komt reeds voor in *Pir.* 1695: ,,De goden doen u (de gestorven koning) ontstaan als Rē in deze zijn naam (aspect) van Cheprer; gij zijt hun nabij als Rē in deze naam van Rē; gij verdwijnt uit hun gezicht als Rē in deze zijn naam van Atoem''.

Anderzijds werd beroep gedaan op een verschillende kosmogonie. Volgens deze vormen Geb en Noet het eerste godenpaar, wiens oorsprong men niet tracht te verklaren. Uit hun vereniging ontsproten Rē en de andere goden. Iedere dag ontvangt en verbergt Noet haar zoon Rē en iedere morgen baart zij hem opnieuw. (Afb. 20). Deze mythe is even oud als de eerstgenoemde, want *Pir.* 1688-1689 en 1834-1835 zinspelen er reeds op. Een andere toespeling erop komt voor in de vele teksten waar Geb de vader of de prins der goden wordt genoemd.

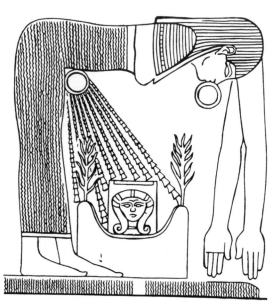

Afb. 20. De zon geboren uit Noet, plafond van de nieuwjaarskapel te Dendara. (Uit: W. Westendorf, *MÄS* 10, 1966, pl. 26).

Het voortbestaan, naast elkaar, van deze beide mythen levert een van de vele voorbeelden op van de ,,veelvormigheid van inzicht'' waarover in de Inleiding gesproken wordt. Het treft ons heel bijzonder wanneer eenzelfde tekst twee tegenstrijdige voorstellingen kort na elkaar vermeldt. Dit gebeurt bijvoorbeeld in de zonnehymne van koning Horemheb (18e dynastie), waar gezegd wordt: „Allen prijzen u, als gij schitterend aan de horizon verrijst. Gij zijt schoon en jong als de zonneschijf in de armen van uw moeder Hathor" (Hathor wordt hier vereenzelvigd met Noet). Enkele regels verder luidt het: „Gij zijt een goddelijke jongeling, de erfgenaam der eeuwigheid, die zichzelf verwekte en baarde".[2] Dit zichzelf scheppen wordt op verschillende manieren uitgedrukt in de talrijke teksten die een god, al dan niet met Rē geïdentificeerd, als oergod prijzen. Een paar voorbeelden: „die vanzelf ontstond"; „die zichzelf maakte"; „die zijn lichaam met zijn eigen handen schiep"; „die zichzelf verwekte en deed geboren worden"; „nadat hij zichzelf gevormd heeft als het zaad van zijn lichaam"; „die zijn zaad samenknoopte met zijn lichaam, om zijn ei te doen ontstaan" enz.[3]

B. De kosmogonie van Sjmoen-Hermopolis

Deze mythe verhaalt een veel ingewikkelder gebeuren dan de voorgaande kosmogonie. De verspreide gegevens werden verzameld door K. Sethe, *Amun und die acht Urgötter von Hermopolis*, in 1929. Het oerwater dat van alle eeuwigheid bestaat, de Noen, wordt hier gepersonifieerd tot een mannelijke god, die misschien het onbeweeglijke aspect van de oceaan verzinnebeeldt, en hij krijgt een vrouwelijke partner, Naunet. Twee andere godenparen verpersoonlijken de oneindigheid en de duisternis van het oerwater, nl. Hoeh en Hauhet, Koek en Kauket. Daarnaast vertegenwoordigt het godenpaar Amo(e)n en Amaunet de lucht. Deze vier paren vormen een Ogdoade en naar deze wordt de plaats waar de mythe thuis hoort „(de stad van de) Acht", Eg. Chemenoe, Koptisch Sjmoen genoemd (huidig el-Asjmoenein). De mannelijke goden werden met de kop van een kikvors, de vrouwelijke met die van een slang afgebeeld, twee soorten van dieren die, volgens antiek geloof, door autogenese ontstonden. (Afb. 21). Aan het hoofd van deze Ogdoade, maar zonder dat zijn verhouding tot haar duidelijk is, staat Thot, met Hermes gelijkgesteld door de Grieken, die daarom de stad

---

[2] Voorbeeld door H. Frankfort, *Levensopvatting*, p. 27 v. geciteerd en ontleend aan A. Scharff, *Ägyptische Sonnenlieder*, Berlijn, 1922.
[3] Zie J. Zandee, *De Hymnen aan Amon van Papyrus Leiden I 350*, (*OMRO*, nieuwe reeks, 28), Leiden, 1947, p. 38.

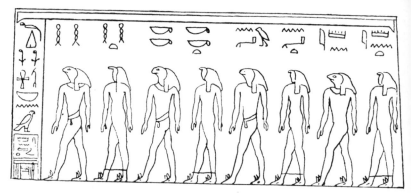

Afb. 21. Voorstelling van de Ogdoade op de naos van Amasis, Louvre. (Naar: G. Jéquier, *Religions ég.*, p. 158).

Hermopolis noemden. Boven de oneindige, duistere oeroceaan bevond zich de lucht. ,,Nadat deze, kalm en onbeweeglijk, gezweefd had boven de roerloze Noen, die onzichtbaar was als het niet, kon hij zich op een gegeven ogenblik, schijnbaar vanzelf, bewegen en de Noen tot in zijn diepte in beroering brengen, zodat het slijk dat op de bodem rustte zich samenhoopte tot vaste grond die eerst aan de oppervlakte te voorschijn kwam onder de vorm van ''de hoge heuvel,, of het ''Vlammeneiland,, op de plaats van Hermopolis'' (Sethe, § 151). Op deze heuvel gingen de acht goden staan en schiepen het licht. In andere teksten wordt dit uitgedrukt met de woorden ,,zij hebben de zonnegod gebaard'' (Sethe, § 100). Volgens een andere voorstelling schiepen zij een ei, dat zij op de oerheuvel neerlegden; hieruit ontstond Rē, die op zijn beurt de wereld schiep en ordende. Nog elders wordt beweerd dat de hele Ogdoade uit een ei ontsproten is. De schalen van dit ei, oorsprong van alle wezens, werden te Hermopolis bewaard.

Later zal Amon, de enige oergod geworden, de andere overvleugelen: ,,De acht oergoden waren uw eerste gestalte'' (Amonshymne, III 22-23); ,,Amon, die uitgegaan is uit Noen. Hij leidt de mensen. Een andere gedaante van hem zijn de acht oergoden. Oergod, die de oergoden verwekt, die Rē doet geboren worden'' (id., IV 14).[4]

---

[4] Id., *ibid.*, p. 63 en 75.

De wijze waarop het primaat aan Amon toekomt wordt uiteengezet in het systeem van Thebe, dat de kosmogonie van Sjmoen schijnt geüsurpeerd te hebben. Dit luidt als volgt. Eerst bestond er een slang met name Kematef, d.w.z. „die zijn tijd volbracht heeft", vereenzelvigd met Amon van Karnak; na zijn dood werd hij opgevolgd door zijn zoon, de slang Irta, d.i. „die de aarde gemaakt heeft", geïdentificeerd met de ithyphallische Amon; deze schiep de Ogdoade, waarvan een lid ook de naam Amon droeg. (Afb. 22). Deze mythe laat de Ogdoade te Thebe ontstaan.

Afb. 22. Alexander de Grote in aanbidding voor de ithyphallische Amon, barkenkapel te Loeksor. (Foto J.Q.).

Vanuit deze stad zwommen de acht goden naar Hermopolis om er de zon te scheppen en zij keerden daarna naar Thebe terug, waar zij in de nabijheid van Medinet Haboe stierven. In latere tijd werd Horus, als zoon en erfgenaam van de Odgoade, met deze kring verbonden (Sethe, § 106-114).

Volgens een kosmogonische voorstelling die eveneens uit Hermopolis stamt kwam de zonnegod hier het eerst uit de kelk van een lotus te voorschijn.

C. De kosmogonie van Memphis

Ditmaal beschikken wij over een aaneengesloten tekst, die bewaard is op stèle no. 498 van het British Museum en die uit de tijd van koning Sjabaka, van de 25e dynastie, dateert. De eerste commentatoren hadden reeds uit taal en stijl besloten dat dit *Denkmal memphitischer Theologie* veel ouder is. H. Junker vermoedt dat het onder de 4e of 5e dynastie, d.i. in de bloeitijd van het Memphitisch Rijk, werd opgesteld. [5] Deze kosmogonie heeft de goden uit de beide voorgaande mythen tot ondergeschikten gemaakt van Ptah, de heer van Memphis, om deze tot oergod te verheffen. Zij zijn geworden tot ,,vormen die in Ptah bestaan''. Ptah wordt geassocieerd met de eerste kosmische krachten onder de naam van ,,Ptah-Noen, de vader die Atoem verwekte, Ptah-Naunet, de moeder die Atoem baarde''. De Enneade, eens geschapen door de vingers en het zaad van Atoem, is nu lippen en tanden in de mond van Ptah. Met zijn mond noemde Ptah alle dingen en deed ze zo ontstaan, in de eerste plaats Sjoe en Tefnet. Horus is het hart van Ptah en Thot is zijn tong. Alles is ontstaan door wat zijn hart bedacht en wat zijn tong beval. Volgens een andere voorstelling wortelt de scheppende bedrijvigheid van Ptah in zijn karakter van ambachtsman (*hemoe*).

Ptah wordt verder in vele teksten vereenzelvigd met een aardgod Tatenen, wiens naam men vertaalt door ,,het (uit de oeroceaan) opgerezen land''. Deze wordt eveneens als een oergod beschreven en sommigen beschouwen hem als de eerste lokale god van Memphis.

---

[5] A. Erman, *Ein Denkmal memphitischer Theologie*, in *Sitz.-Ber. d. Akad. d. Wiss.* Phil.-hist. Kl., 43 (1911), p. 916-950; H. Junker, *Die Götterlehre von Memphis (Schabaka-Inschrift)*, (*Abh. d. preuss. Akad. d. Wiss.*, Phil.-hist. Kl. 1939, Nr. 23), Berlijn, 1940; Id. *Die politische Lehre von Memphis*, (*ibid.*, 1940, Nr. 4), Berlijn, 1941. Jongste vertaling in J.B. Pritchard, *ANET*, p. 4-6 (zie bibliografie).

D. De Horus- en Osirismythe

Behalve de kosmogonieën bezitten de meeste volkeren nog allerlei andere mythen: over het ontstaan van het mensdom, het einde van de wereld, over hogere wezens en hemelgoden, transformatie-mythen, mythen over een held, zonne- en maanmythen.[6]

Bij de Egyptenaren is dit laatste soort vertegenwoordigd door de mythe van de strijd tussen Horus en Seth, waarop ontelbare toespelingen voorkomen in de religieuze teksten, o.a. in het rituaal. Hier is Horus, die niet eens tot de Enneade van Heliopolis behoort, de broer van Seth, een der laatst ontstane leden van deze godenkring. De twee ogen van de hemelgod Horus zijn, zoals reeds vermeld, de zon en de maan. Tengevolge van de identificatie van Rē met Horus worden beide hemellichamen ook „de ogen van Rē" genoemd. Meestal echter beschouwt men de zon als het oog van Rē, de maan als het oog van Horus. Deze toestand wordt vooropgesteld door de mythe, waar alleen van één oog van Horus sprake is. De verschillende maanfasen worden verklaard als het resultaat van een heftige strijd waarin Seth het oog van Horus beschadigt en het hem zelfs ontrukt, terwijl deze Seth van zijn testes berooft.[7] Thot scheidt beide mannen en brengt ze tot bedaren. Hij herstelt het oog van Horus, maakt het „vol" en brengt het hem terug. Het gekwetste oog wordt weer „ongedeerd", *oedjat* (Grieks *ouation*) en onder deze naam wordt het meestal aangeduid. (Afb. 23). Ook aan Seth worden zijn testes teruggebracht.

Een andere versie brengt de mythe op het politieke plan. De aardgod Geb scheidt beide zonen en verhindert dat zij strijden. Hij schenkt aan Seth Opper-Egypte, aan Horus Beneden-Egypte en verzoent zodoende beiden. Volgens nog een andere traditie schenkt hij aan Horus geheel Egypte en aan Seth de woestijn en de vreemde landen.

De verbinding van Horus met de Osirismythe heeft aanleiding gegeven tot de splitsing van de Horus-figuur in die van de voormalige kosmische god, „Horus de Oudere" (*Hor-wer*, Grieks *Haroëris*), en in die van „Horus het kind" (*Hor-pa-chered*, Grieks *Harpokrates*), meestal gelijk

---

[6] Zie M. Eliade, *Myth*, in *Encycl. Brit.*, ed. 1965, vol. 15, p. 1136-1140.

[7] Een recente interpretatie herleidt deze strijd tot een homosexuele act door Seth aan Horus voltrokken: H. te Velde, *Seth, God of Confusion*, Leiden, 1967, p. 32-80. Hiervan is inderdaad sprake in een papyrus uit Illahoen (Kahoen) ed. F. Ll. Griffith, *Hieratic Papyri from Kahun and Gurob*, Londen, 1898, en in „De Twist van Horus en Seth", zie beneden.

41

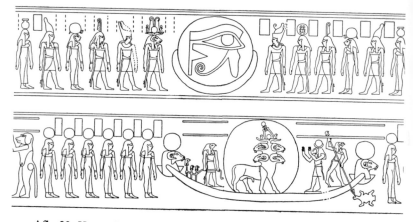

Afb. 23. Het oedjat-oog in de maan ingetekend, plafond te Esna. (Uit:
S. Sauneron, *Esna* IV, 1, travée D).

aan Horus zoon van Osiris en Isis (*Hor-sa-aset*, Grieks *Harsiësis*). De
talrijke toespelingen in de Piramideteksten bewijzen dat de Osirismythe
reeds in de vroege tijd bestond en dat zij voornamelijk een politiek
karakter droeg. Osiris is een koning uit de oertijd, opvolger van zijn
vader Geb. Zijn broeder Seth doodde hem, waarschijnlijk uit jaloersheid,
met behulp van Thot (*Pir.* 163, 173, 175, 1007). Hoe de aanslag
geschiedde wordt niet gezegd. Wij vernemen alleen dat Seth Osiris op de
grond uitstrekte te Nedit en dat zijn zusters Isis en Nephthys hem
vonden, op zijn zijde liggend aan de oever van Nedit (*Pir.* 957, 1008,
1256). Isis plaatste zich dan op het lichaam van haar dode echtgenoot en
werd van hem zwanger (*Pir.* 632, 1636). Zij baarde haar zoon Horus in
de papyrusmoerassen van Chemmis, nabij Boeto (*Pir.* 1703, 2190). (Afb.
24). Wanneer Horus sterk genoeg was geworden om zijn vader te
wreken (*Hor-nedj-itef*, Grieks *Harendotes*) daagde hij zijn oom tot de
strijd uit. Met de hulp van Thot en van de Horuskinderen versloeg hij
Seth en diens aanhangers en legde hem onder de voeten van Osiris (*Pir.*
581, 635-637, 643, 649-652). De kosmische mythe van ,,Horus de
Oudere'' wordt nu ook op de ,,Horus-zoon'' overgedragen: in een fase
van de strijd neemt deze zijn oog terug, dat Seth hem ontrukt heeft, en
schenkt het aan zijn vader Osiris opdat deze zou zien en machtig zijn
(*Pir.* 578, 597, 609, 614, 634). Dit geschiedt nog in hoger mate in
de beslechting van de strijd door een godengericht te On-Heliopolis.
Volgens de ene, oudere, versie wordt Seth schuldig verklaard en Osiris

42

Afb. 24. Isis voedt haar kind in het papyrusbos te Chemmis, geboortetempel te Philae. (Uit: H. Junker – E. Winter, *Geburtshaus ... in Philae*, p. 12).

gerechtvaardigd (*Pir.* 957-961, 1556), „*maä* verklaard", vandaar de uitdrukking *maä cheroe* „gerechtvaardigd door de uitspraak (van de goden)". Volgens de andere recensie wordt uitspraak gedaan over de erfopvolging van Osiris en wordt de heerschappij over Egypte aan zijn zoon Horus toegekend (*Pir.* 1219).

Allerlei details die in de Piramideteksten ontbreken komen in latere zinspelingen op de mythe voor. Men erkende de weldoende aard van Osiris' koningschap; er werd verhaald dat Seth, na Osiris gedood te hebben, hem in de Nijl wierp; nadruk werd gelegd op het lange zoeken van Isis voordat zij het lijk vond; de wijze waarop zij Horus gewon werd uitvoeriger beschreven; zij verborg hem te Chemmis om hem aan de hinderlagen van Seth te onttrekken; in het rechtsgeding betwistte Seth dat Horus een echt kind van Osiris was om zijn eigen aanspraak op de troon te doen gelden.

Dit alles kunnen wij herkennen in een hymne aan Osiris die een van de meest volledige verwijzingen naar de mythe bevat en die op een grafstèle uit het Nieuwe Rijk (18e dynastie), thans in het Louvre te

Parijs, bewaard is. Wij citeren hieruit de delen die ons relevant lijken[8]:

Heil u, Osiris, heer der eeuwigheid...
Hij die Maät vaststelde over de beide oevers...
De erfgenaam van Geb in het koningdom der Beide Landen. Hij (d.i. Geb)
zag hoe voortreffelijk hij was en vertrouwde hem de taak toe de Landen
naar het geluk te leiden...
Goedhartige Isis, die haar broeder beschermde, die zonder ophouden naar
hem zocht, die het land in rouw doorkruiste en niet rustte voor zij hem
gevonden had.
Zij die hem schaduw verschafte met haar veren en die met haar vleugels
lucht maakte. Zij die luid riep van vreugde en haar broeder aan land
bracht.
Zij die de uitgeputte in zijn zwakte deed herleven, die zijn zaad tot zich nam
en hem een erfgenaam gaf, die het kind zoogde in de eenzaamheid en men
wist niet waar hij was; die hem, toen zijn arm sterk was, bracht naar de
halle van Geb.
De Enneade riep vol vreugde:
    „Welkom Horus, zoon van Osiris!
    Dappere, gerechtvaardigde!
    Zoon van Isis en erfgenaam van Osiris!"...
Men zat neer in de halle van Geb om het ambt aan zijn eigenaar te geven
en het koningschap aan hem aan wie het moest gegeven worden.
Men oordeelde dat het pleidooi van Horus waar was en men gaf hem het
ambt van zijn vader...

Reeds in de Piramideteksten vertoont Osiris enkele kosmische trekken
en wordt hij bijvoorbeeld met het Nijlwater geïdentificeerd (589,
788,1360). Tijdens het Midden Rijk treedt dit veel sterker naar voren en
in de Sarkofaagteksten wordt zijn lot vergeleken met dit van het graan
(*Coffin Texts* IV 330): zoals hij na zijn dood het leven schonk aan een
zoon, zo moet het zaad sterven om opnieuw te kiemen en te herleven.
Het verhaal over Osiris is vervolgens meer en meer tot een natuurmythe
geworden, die de jaarlijkse terugkeer van de seizoenen en van de
Nijloverstroming verzinnebeeldt. Hieraan zal het wel te wijten zijn dat in
een latere uitbreiding ervan een verband werd gelegd met Byblus, waar
de lotgevallen van de vegetatiegod Adonis eveneens de afstervende en
weer ontluikende natuur symboliseerden. Een andere innovatie is de
vermelding van het in stukken snijden van Osiris' lijk door Seth, die de
verspreiding van de vele Osirisheiligdommen over geheel Egypte moest

---

[8] Naar de vertaling van A. Erman, *Die Literatur der Ägypter*, Leipzig, 1923, p. 187-192.
Wij nemen gedeeltelijk de Nederlandse tekst over van H. Frankfort, *Levensopvatting*,
p. 129 v.

rechtvaardigen. Behalve door deze beide gegevens wordt de mythe zoals zij ons door Plutarchus, *De Iside et Osiride*, 12-20 werd overgeleverd, nog gekenmerkt door een brede uitwerking van enkele der hierboven vermelde elementen. Dit verhaal kan als volgt geresumeerd worden. Osiris is de zoon van Noet, samen met Haroëris (d.i. Horus de Oudere), Typhon (Seth), Isis en Nephthys.[9] Hij werd koning van Egypte en leerde aan de Egyptenaren de landbouw kennen, het recht en de eerbied voor de goden. Daarna reisde hij de wereld rond en won door de muziek en door zijn goedheid alle harten. Bij zijn terugkeer lokte Seth, geholpen door zijn handlangers, hem door list in een kist, die hij dichtnagelde en in de rivier wierp. De kist dreef naar Byblus in Fenicië tot aan de voet van een boom, die op wonderbaarlijke wijze om haar heen begon te groeien. Isis, die intussen wenend Osiris was gaan zoeken, vond de kist na veel avonturen en nam haar mee naar Egypte. Terwijl zij haar zoon Horus te Boeto ging bezoeken, vond Seth, die bij volle maan op jacht was, het lijk. Hij sneed het in veertien stukken en verstrooide deze. Isis zocht de stukken op en begroef ieder op de plaats waar zij het vond; alleen de phallus bleef onvindbaar omdat de vissen hem verslonden hadden. Osiris kwam daarna voor een tijd uit het dodenrijk terug om zijn zoon voor de strijd op te leiden. Toen Horus groot geworden was wreekte hij zijn vader op Seth en versloeg deze in een langdurig gevecht. Seth daagde hem dan voor het gerecht en beschuldigde hem ervan een bastaard te zijn, doch de goden erkenden Horus als de wettige zoon van Osiris. Horus versloeg Seth in twee andere gevechten. Daar wordt tenslotte aan toegevoegd dat Isis van de dode Osiris Harpokrates gewon.

In de Horusmythe van Edfoe is Horus de zoon van Rē en hij bindt de strijd aan met Apophis, de vijand van zijn vader, die met Seth wordt geïdentificeerd. Op de binnenzijde van de westelijke omheiningsmuur van de tempel, die uit de Ptolemaeische tijd dateert, tonen de reliëfs, van bijschriften voorzien, hoe Horus zijn tegenstrever en diens handlangers, als nijlpaarden en krokodillen afgebeeld, harpoeneert. (Afb. 25). Horus de valkgod heeft hier als strijdgenoot Horus de zoon van Isis. Op die manier wordt laatstgenoemde de roem deelachtig die van oudsher de eerste toekomt.[10]

---

[9] Zie Th. Hopfner, *Plutarch über Isis und Osiris*. I. Die Sage. Text, Übersetzung und Kommentar; II. Die Deutungen der Sage. Übersetzungen und Kommentar, (*Monogr. Arch. orientální*), Praag, 1940-1941.

[10] Zie bijv. H.W. Fairman, *The Myth of Horus at Edfu*, I, in *JEA*, 21 (1935), p. 26-36.

De laatste episode van de Osirismythe heeft de stof geleverd van een volksverhaal dat ons in een handschrift uit de tijd van Ramses V (20e dynastie) is bewaard gebleven. De uitgever van de tekst heeft hem als titel „De twist van Horus en Seth" gegeven.[11] Horus, de zoon van Osiris en Isis, maakt voor de goden aanspraak op de erfenis van zijn vader, het

Afb. 25. Horus doodt het nijlpaard: scène uit de Horus-mythe, voorgesteld te Edfoe. (Foto J.Q.).

In het z.g. Apophisboek (in de Bremner-Rhind Papyrus, ed. R.O. Faulkner) staat Seth integendeel aan de zijde van Rē. Dit kan verklaren waarom Rē, in het hierna vermelde volksverhaal, Seth begunstigt.

[11] A.H. Gardiner, *The Library of A. Chester Beatty. The Chester Beatty Papyri, no. I*, Londen, 1931; Id., *The Contendings of Horus and Seth*, in *Late-Egyptian Stories*, (*Bibliotheca Aegyptiaca*, I), Brussel, 1932, p. 37-60. Franse vertaling in G. Lefebvre, *Romans et contes égyptiens*, Parijs, 1949, p. 178-203.

koningschap over Egypte. Tegen deze aanspraak verzet zich Seth. Het godentribunaal wordt gepresideerd door Rē-Atoem, die Seth begunstigt. De goden zijn met allerlei menselijke zwakheden behebt. Zij geven telkens gelijk aan de laatste die het woord heeft gevoerd; zij durven geen stelling nemen tegen de partijdige oppergod en zij schrijven aan verscheidene goden, die niet aanwezig zijn, om naar hun mening te vragen. Het geding, dat nu al tachtig jaar duurt, wordt telkens opnieuw op een andere plaats voortgezet. Wanneer de zonnegod, beledigd, zich in een boze bui terugtrekt vrolijkt Hathor hem weer op door een onkies gebaar. Op een gegeven ogenblik wordt het tribunaal naar een eiland overgebracht om te verhinderen dat Isis aanwezig zou zijn. Deze koopt echter de veerman om en verschalkt Seth op zulke wijze dat hij zijn eigen veroordeling uitspreekt. Er is een gedetailleerd verhaal over tegennatuurlijke betrekkingen tussen Horus en Seth en op dezelfde manier worden verscheidene andere gegevens van de mythe, bijv. dat betreffende de Horus-ogen, in de vertelling ingelast. Na vele wederwaardigheden wordt eindelijk beslist Osiris zelf te raadplegen. Deze antwoordt met een brief uit de onderwereld waarin hij dreigt de goden door zijn boodschappers te laten halen om ze naar het land der doden te brengen. Daarop wordt eindelijk het pleit ten gunste van Horus beslecht.

Ook in een allegorisch verhaal werd de Osirismythe ingekleed. Het is ons overgeleverd in een papyrus uit de 19e dynastie.[12] Seth gaat hier schuil onder de naam ,,Leugen'' en zijn broer Osiris heet ,,Waarheid''. Op grond van een valse aanklacht vanwege Leugen beveelt de Enneade dat Waarheid blind wordt gemaakt. Een voorname dame, wier naam niet wordt genoemd maar met wie zeker Isis bedoeld wordt, neemt de blinde als portier op in haar huis. Getroffen door zijn schoonheid, brengt zij een nacht met hem door, wordt zwanger en baart een zoon. Later verneemt de jongen van haar, op zijn vragen, dat de blinde portier zijn vader is; hij installeert hem als dusdanig in het huis en ondervraagt hem over de oorzaak van zijn blindheid. Tenslotte daagt hij Leugen vóór de rechtbank van de Enneade wegens heling van een stier en hij vraagt dat zij zou richten tussen Waarheid en Leugen.

<hr />

[12] Bewaard in Papyrus Chester Beatty II, ed. A. H. Gardiner, *The Blinding of Truth by Falsehood*, in *Late-Egyptian Stories*, (*Bibliotheca Aegyptiaca*, I), Brussel, 1932, p. 30-36. Nederlandse vertaling door J.M. Gerritsen, *Waarheid en Leugen*, in *JEOL*, I (1933-1937), p. 24-26.

E. De zonnemythen

Evenals het oog van Horus, dat de maan vertegenwoordigt, een zekere zelfstandigheid geniet, zo is het zonneoog van Rē zelfs nog in hogere mate gepersonifieerd geworden. In het Apophisboek[13] verklaart Rē-Atoem dat zijn oog Sjoe en Tefnet volgde gedurende de lange tijd dat zij van hem verwijderd bleven. Hij ,,verzamelde zijn ledematen" en weende over hen (wellicht: omdat hij zijn oog miste?) en uit zijn tranen ontstonden de mensen.[14] Rē-Atoem maakte zich een ander oog maar toen het eerste samen met Sjoe en Tefnet terugkeerde was het woedend omdat zijn plaats ingenomen was; de god plaatste het dan als uraeus op zijn voorhoofd en bedaarde het op die manier.

Volgens een andere mythe, die op de tempelwanden van de Ptolemaeische tijd geschreven staat, wordt het zonneoog·vertegenwoordigd door Tefnet, die als een wilde leeuwin in de Nubische woestijn ronddwaalt. Rē bemint echter deze zijn dochter en wenst dat zij hem tegen zijn vijanden zou beschermen. Op zijn bevel gaan Sjoe en Thot, in apen veranderd, naar Nubië en weten haar ertoe te bewegen om naar Egypte terug te keren. Daar verandert zij in een mooie godin en wordt overal in triomf ontvangen. In sommige recensies wordt Sjoe vervangen door of vereenzelvigd met de god Onouris, wiens naam betekent ,,hij die de verre gehaald heeft". Een populaire vorm van dit verhaal is bewaard in een demotische papyrus uit de Romeinse tijd, waar het als omlijsting dient van verschillende dierfabels. Het zonneoog is hier een woeste leeuwin wanneer het woedend is maar het wordt de lieflijke kat Oebastet wanneer het tot bedaren komt. Thot, onder de gedaante van een aap, moet een lang pleidooi houden vooraleer zij hem naar Egypte wil vergezellen.[15]

---

[13] Zie boven, noot 10; de meest recente vertaling werd bezorgd door J.A. Wilson, in J.B. Pritchard, *ANET*, p. 6-7.

[14] Deze uitlating over het ontstaan der mensen steunt op een woordspeling tussen *rime*, wenen, en *rome*, mensen.

[15] H. Junker, *Auszug der Hathor-Tefnut aus Nubien*, (*Anhang zu den Abh. d. preuss. Akad. d. Wiss.*), Berlijn, 1911; K. Sethe, *Zur altägyptischen Sage vom Sonnenauge das in der Fremde war*, (*Untersuchungen zur Geschichte und Altertumskunde Ägyptens*, 5, 3), Leipzig, 1912; H. Junker, *Die Onurislegende*, (*Denkschr. d. Akad. d. Wiss. in Wien*, Phil.-hist. Kl., 59), Wenen, 1917; W. Spiegelberg, *Der ägyptische Mythus vom Sonnenauge in einem demotischen Papyrus der römischen Kaiserzeit*, in *Sitz.-Ber. preuss. Akad. d. Wiss.*, 1915, p. 876-894; Id., *Der ägyptische Mythus vom Sonnenauge (Der Papyrus der Tierfabeln ,,Kufi") nach dem Leidener demotischen Papyrus I 384*, Straatsburg, 1917.

Afb. 26. De hemelkoe, voorgesteld in het graf van Seti I, koningsvallei te Thebe. (Naar: G. Jéquier, *Religions ég.*, p. 215).

Hierboven wordt vermeld hoe het zonneoog in betrekking werd gebracht tot het ontstaan van het mensdom. Het speelt eveneens een rol in de mythe van de „uitroeiing der mensheid". Het wordt hier gepersonifieerd in de godin Hathor, doch deze is ook in de voorgaande verhalen reeds enigszins identiek met Tefnet. De mythe is in een magische papyrus uit het Nieuwe Rijk opgenomen en deze werd op zijn beurt in hiërogliefen gecopieerd op de wanden van een kamer in het graf van Seti I (19e dynastie), naast het beeld van de hemelkoe, en in de graven van Ramses II (19e dynastie), van Ramses III en Ramses VI (20e dynastie). De oudste versie ervan staat op een der gouden schrijnen van Toetanchamon.[16] De inhoud ervan luidt als volgt. Toen Rē oud geworden

[16] Recente editie van de teksten door Ch. Maystre, *Le livre de la Vache du Ciel dans les tombeaux de la Vallée des Rois*, in *BIFAO*, 40 (1941), p. 53-115. Oudere vertaling: G. Roeder, *Urkunden*, p. 142-149; gedeeltelijke jongere vertaling in J.B. Pritchard, *ANET*, p. 10-11.

was beraamden de mensen tegen hem een samenzwering. Op aanraden van Sjoe, Tefnet, Geb, Noet en Noen richtte Rē tegen hen zijn oog en zij vluchtten in wanorde naar de woestijn. Daarna zond hij zijn oog, onder de gedaante van de godin Hathor, tegen hen uit en deze richtte een vreselijk bloedbad aan. Om de laatste mensen tegen haar woede te beschermen moest Rē een list verzinnen. Terwijl Hathor sliep stortte hij bier, zo rood als bloed, op de aarde uit. Toen de godin ontwaakte, dronk zij zoveel van dat bier dat zij dronken werd en de mensen niet meer zag. Rē voelde zich echter door de ondankbaarheid van de mensen gekrenkt en wilde aan de heerschappij over de wereld verzaken. Zijn dochter Noet, hemelgodin en koe, nam hem op haar rug en hief hem tot in de hemel. Toen bekeek zij echter de aarde en werd duizelig. Sjoe, de lucht, kreeg daarop van Rē bevel de hemelkoe onder haar buik te schragen en haar omhoog te houden. (Afb. 26).

IV. DE CULTUS

De mythen die ons verhalen over de strijd tussen Horus en Seth, Osiris en Seth, Rē en Apophis, of over de wederwaardigheden van het zonneoog, wijzen op het bestaan van een eeuwigdurend conflict tussen orde en chaos, goed en kwaad, het weldoende licht en de dreigende macht der duisternis. Iedere keer dat de nacht over de aarde neerdaalt of dat de maan wegkwijnt aan de nachtelijke hemel ontstaat het gevaar dat de wereld in een eeuwige slaap zal gedompeld blijven. Het dagelijks rijzen der zon, de opkomst van de nieuwe maan zijn een overwinning van de goden op de vijandige krachten, een telkens hernieuwde schepping. De goden toe te laten hun kosmische rol te vervullen is nu het doel van de cultus.

A. De tempel

De tempel is het *per-netjer* of *ḥoet-netjer* d.i. het huis, de woning van de god. De god wordt hier gevoed, gekleed, beveiligd tegen alle kwade invloeden die een hindernis kunnen zijn voor zijn weldoende activiteit. Het Egyptische heiligdom is een wereld in het klein. De twee machtige torens of pylonen die de lagere tempelpoort flankeren zijn de *achet*, de horizon waar de hemel en aarde elkaar raken. (Afb. 27). Zij zijn tevens, waar de tempel oost-west georiënteerd is, de streek in het Oosten waar de zon zegevierend opgaat. Terwijl de woningen der mensen, en vermoedelijk zelfs het paleis van de farao, uit gedroogde leemtichels zijn opgetrokken is de tempel uit steen vervaardigd, het harde materiaal dat het fundament van de wereld vormt. Zijn zoldering geeft een beeld van de met sterren bezaaide hemel, waarin roofvogels hun vleugels uitspreiden. De zuilen met hun open of gesloten papyruskelk of met gebundelde papyrusstengels stellen een woud voor dat uit de vruchtbare bodem opschiet.

Ter oriëntering volgt hieronder een uitvoerige beschrijving van de

Afb. 27. Pyloon van de Horus-tempel te Edfoe. (Foto J.Q.).

tempel van Edfoe. (Afb. 28). Het belangrijkste deel van de tempel is een kapel achteraan in het bouwcomplex die *set oeret* „de grote troon" of *boe djeser* „de heilige plaats" wordt genoemd. Zij vormt binnen in de tempel een zelfstandige constructie met eigen dak en zij ontvangt geen licht van buiten. Hier bevindt zich op een houten voetstuk de boot waarin de god in processie rondgedragen wordt alsook een naos d.i. een kapelschrijn (*chem; sechem*) uit graniet of uit een andere steensoort die het houten godsbeeld bevat. Daarnaast of daaromheen zijn andere kapellen geschaard, aan de goden gewijd die hier „te gast" zijn, alsmede magazijnen en schatkamers. Vóór de „grote troon" ligt een ruimte die de „hal der Enneade" of de „middenhal" wordt genoemd. De laatste naam wijst er vermoedelijk op dat zij een overgang vormt tussen het goddelijke en de profane wereld, waar de offers vandaan komen. Een gelijkwaardige ruimte daarvóór dient immers als „offerzaal".

De bovenvermelde ruimten zijn voorbehouden aan de dagelijkse erediensten en aan de processies die binnen de tempel plaats vinden. Alleen de priesters en de andere leden van de clerus die bij deze ceremoniën betrokken zijn hebben toegang tot deze zalen. De drie overige delen, die meer naar voren liggen, zijn daarentegen afgestemd op de openbare cultus. De „hal der verschijning" is een ruime zaal, in het

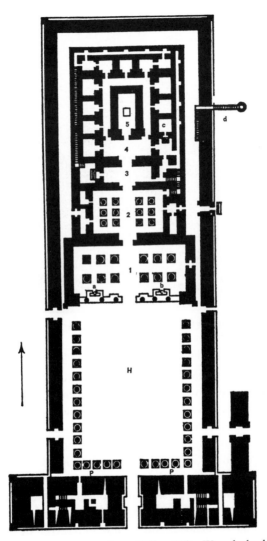

Afb. 28. Plattegrond van de tempel van Edfoe. (Uit: *Woordenboek der Oudheid* I, afb. 39). P. = pyloon; H. = voorhof; 1. = pronaos of hypostyle zaal met a. het „morgenhuis" en b. de „bibliotheek"; 2. = „Hal der verschijning", met links daarvan de „Nijlkamer"; 3. offerzaal; 4. „Hal der Enneade" of „middenhal"; 5. de „heilige plaats" (adyton) met naos en heilige boot, daaromheen de kapellen van de nevengoden en schatkamers; in c. het „reine vertrek"; d. waterput met nilometer.

53

Afb. 29. Luchtzicht op het tempeldomein van Karnak. (Uit: *Du ciel de Thèbes*, 6).

midden door hoge zuilen geschraagd. Hier vormt zich de stoet van priesters en hier wordt de god in zijn processieboot opgesteld, omringd door de nevengoden, wanneer hij ter gelegenheid van een feest aan de menigte zal ,,verschijnen'' in het voorhof en in de stad. Men heeft het vermoeden geopperd dat de jongelieden die zich tot het priesterschap voorbereidden wellicht in de indrukwekkende hypostyle zaal, ook pronaos genaamd, aan de hand van de voorstellingen op wanden en zoldering, in de theologie en het ritueel onderricht werden. (Afb. 29 en 30). Het ruime voorplein, tenslotte, voor de machtige pylonen, was de enige plaats waar de menigte toegelaten werd om voor de hier opgestelde godenbeelden het aanbiddings- of smeekgebed te verrichten.

In de verschillende zalen van de tempel, van voren naar achteren gezien, stijgt de bodem geleidelijk: men ,,gaat op'' naar de god. De zoldering, integendeel, wordt hoe langer hoe lager. Op het hof, dat in het volle daglicht baadt, volgt de halfduistere pronaos met de zware slagschaduwen van talrijke zuilen. (Afb. 31). Steeds dichter wordt de geheimenis naargelang men het allerheiligste nadert, waar een bijna

54

volslagen duisternis heerst. De Egyptische tempel is dus geen ,,huis des gebeds"; men heeft hem vergeleken met een krachtcentrale, een functioneel gebouw dat ertoe bestemd is de schepping in stand te houden.

Naast iedere tempel ligt een vijver en een waterput met een nilometer, die diende om de hoge of lage stand van de Nijl te meten. De waterput leverde het water voor het reinigend besprenkelen van het godsbeeld en de offergaven. In de vijver moet de dienstdoende priester zich reinigen vooraleer de heilige handelingen van de cultus te voltrekken. Vóór de tempels van de Ptolemaeische periode ligt het *mammisi* of ,,geboortehuis''. (Zie afb. 11). Hierin wordt de godin-moeder geacht zich terug te trekken om de kleine god te baren.

Afb. 30. Amon-tempel te Karnak: de hypostyle zaal. (Foto J.Q.).

55

Afb. 31. Zicht vanop de pyloon op de voorhof, pronaos en naos van de Horus-
tempel te Edfoe. (Foto J.Q.).

In scherpe tegenstelling tot het boven beschreven klassieke heiligdom
staan de zonnetempels. Zij werden door de koningen van de 5e dynastie
naast hun piramiden te Aboesir gebouwd en van zes ervan zijn de
namen bekend. Doch slechts van twee van deze zonnetempels zijn
overblijfsels bewaard en alleen die van Nioeserrē nabij Aboe Goerab
maakt het mogelijk ons een voorstelling te vormen van hun aanleg.
(Afb. 32).

Deze tempel bestaat uit een groot open hof (75 X 100 m.) met een
ingang aan de oostzijde. In het westelijk deel ligt een gemetselde hoogte
(20 m.) in de vorm van een afgeknotte piramide, waarop een 36 meter
hoge obelisk stond. Vóór deze onderbouw ligt een altaar. Vanaf de
ingang loopt langs de oost- en zuidzijde van de omheiningsmuur een
overdekte gang die, naar rechts (noorden) afzwenkend, toegang verleent
tot het terras dat de onderbouw vormt aan de voet van de obelisk. Een
deel van deze gang, de „wereldkamer" genoemd, is versierd met reliëfs
die de jaargetijden en allerlei taferelen uit het leven van mensen, dieren
en planten afbeelden. Een soortgelijke gang leidt van de ingang naar de
magazijnen, die tegen de noordelijke omheiningsmuur zijn gebouwd.

Afb. 32. De zonnetempel van Nioeserrē te Aboe Goerab. (Naar: F. Daumas, *La civilisation ég.*, p. 450).

Buiten de tempel, aan de zuidzijde, ligt een reusachtige gemetselde boot, symbool van de zonneboot van Rē.

Hoe zag de tempel er uit van On-Heliopolis, het centrum van de zonnecultus? De opgravingen hebben niets anders aan het licht gebracht dan de omheiningsmuur van een tempeldomein van 475 X 1.100 m. oppervlakte, waarvan een groot deel oorspronkelijk ingenomen werd door een kunstmatige vierkante zandheuvel met afgeronde hoeken, die later afgegraven werd. Anderdeels vermeldt de Pianchi-stèle enkele details in het verslag over het bezoek dat deze vorst in de 8e eeuw v.C. aan Heliopolis bracht. Na zich gereinigd te hebben in de heilige vijver beklom Pianchi het „hoge zand" en bracht daar een groot offer aan Rē bij zonsopgang. Vervolgens trad hij de Rē-tempel binnen en, na andere rituele handelingen voltrokken te hebben, verbrak hij het zegel van de naos, schouwde de god Rē en verzegelde de naos opnieuw. In de Atoem-tempel, die hij daarna bezocht, bracht hij alleen een wierookoffer. De Rē-tempel wordt hier ook het *benben*-huis genoemd. Dit wijst er blijk-

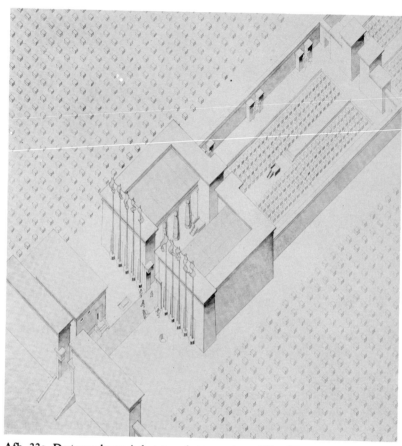

Afb. 33a. De tempel van Achetaton: het *gem-Aton*. (Uit: J.D.S. Pendlebury e.a., *The City of Akhenaten*, III, pl. VI A).

baar op dat zich daar de benben-steen bevond, het heilig symbool van de oerheuvel waarop Atoem bij de schepping ging staan.

H. Ricke heeft de hypothese opgesteld dat het „hoge zand" op de zandheuvel wijst waarvan sporen door de opgravingen werden ontdekt. Deze offerplaats zou het voornaamste bestanddeel zijn van de oudste zonnetempels en hij beschouwt het metselwerk in de vorm van een afgeknotte piramide in de tempel van Nioeserrē als een kunstmatige nabootsing ervan.[1] Verschillende gegevens wijzen er overigens op dat de

[1] H. Ricke, *Der „Hohe Sand in Heliopolis"*, in *ZÄS*, 71 (1935), p. 107-111; Id., *Eine*

58

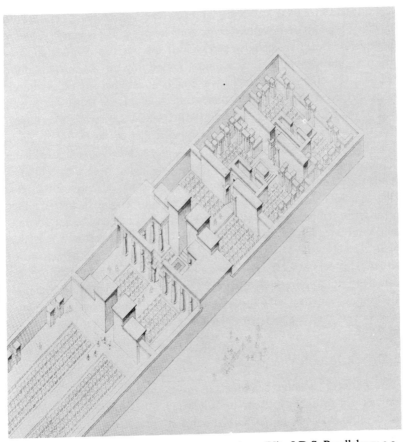

Afb. 33b. De tempel van Achetaton: het *gem-Aton*. (Uit: J.D.S. Pendlebury e.a., *The City of Akhenaten,* III, pl. VI B).

obelisk, door de piramidale benben-steen bekroond, hier een bijkomstig element is. Te Heliopolis is later de Rē-tempel — en waarschijnlijk ook de kleinere Atoem-tempel — in de vorm van de klassieke heiligdommen, met naos en cultusbeelden, gebouwd en in de eerste van beide werden blijkbaar de gewone riten van de dagelijkse eredienst voltrokken.

De grote Aton-tempel die Echnaton te el-Amarna bouwde, hoewel

Inventartafel aus Heliopolis im Turiner Museum, ibid., p. 111-133; Vgl. W. Helck, *Zur Topographie von Heliopolis, ibid.,* 82 (1957), p. 109-116.

veel uitgestrekter (800 X 275 m.) en ingewikkelder van plan, behoort tot hetzelfde type als de bovenvermelde zonnetempels. Hij is van West naar Oost georiënteerd en, behalve een gedeeltelijk overdekte zuilenhal, *per-haï* of „huis des jubels" genoemd, bestaat hij uit zes hoven, door pylonen van elkaar gescheiden en die niets anders bevatten dan altaren en talloze rijen van vierkante stenen offertafels. Deze reeks van hoven heet *gem-Aton* „Aton is gevonden". (Afb. 33a&b). De verhoogde altaren, met treden, staan in de as van de tempel in het eerste, vijfde en zesde hof; dit laatste heeft aan de zuidzijde nog drie kamers met elk drie kleine altaren. Ook het *per-haï* bevat aan zijn oostzijde twee kleine altaren waarop de koning en de koningin aan Aton offerend zijn voorgesteld. Het eigenlijke heiligdom heet het benben-huis en ligt achter de hier beschreven tempel. (Afb. 34). Het heeft vier pylonen en bestaat voornamelijk uit twee hoven met offertafels. Het laatste hof vertoont hetzelfde plan als het zesde hof van de *gem-Aton* en heeft in de as een groot altaar. Het eerste heeft twee kiosken met elk twee grote standbeelden van Echnaton, voorgesteld als koning van Opper-Egypte (zuidzijde) en als koning van de Delta (noordzijde). Hierbij sluiten ten Oosten nog twee hoven aan, een met een volgeladen altaar en een dat leeg was.

B. De koning en de priesterschap

De koning, als enige bemiddelaar tussen god en de mens, speelt een centrale rol in de Egyptische godsdienst. De bevoorrechte verhouding tot de godheid heeft hij te danken aan het feit dat hij zelf goddelijk is. Hij wordt in de teksten *netjer nefer* of „de goede god" genoemd; als incarnatie van Horus is hij de zoon en opvolger van de eerste god-koning van Egypte, dit is, naargelang van de mythe waarnaar gerefereerd wordt, hetzij Geb, hetzij Osiris, hetzij Rē. Deze laatste filiatie wordt bijzonder beklemtoond door de naam „zoon van Rē" die een van de vijf bestanddelen van de koningstitulatuur is. Sommige opvattingen over het goddelijk koningschap bij de Egyptenaren gelijken op die welke J.G. Frazer in zijn beroemd werk *The Golden Bough* beschreven heeft, voornamelijk bij de primitieve volkeren van Afrika maar ook in Indië en Cambodja.[2] De koning is niet alleen verantwoordelijk voor het materiële en morele welzijn van zijn onderdanen, gewaarborgd door een

[2] J.G. Frazer, *The Golden Bough. A Study in Magic and Religion*, 3e ed., 12 vol., Londen, 1919-1920 (herdruk 1966); verkorte uitgave in 1 vol., Londen, 1963.

gezonde administratie, een degelijke rechtspleging en succesvolle oorlogvoering, doch hij moet ook instaan voor het normaal verloop van de jaargetijden, de vruchtbaarheid van de bodem, het voortplantingsvermogen van mannen en vrouwen, de vrijwaring van ziekten enz. Dit wordt o.m. duidelijk uitgedrukt in een hymne op de troonsbeklimming van Merneptah, de zoon van Ramses II, in P. Sallier I, 8, 7-10 bewaard: „Verheug u, het hele land! Het gelukkige tijdperk is aangebroken. Een heer (leven, heil, gezondheid) is verschenen in elk van Beide Landen en regelmaat heeft (weer) haar plaats ingenomen... Alle rechtgeaarde mensen, komt en gij zult zien! Maät heeft de leugen verdreven; de boosdoeners zijn op hun aangezicht gevallen en alle hebzuchtigen worden genegeerd. Het water blijft staan en droogt niet op; de Nijloverstroming rijst hoog. De dagen zijn lang, de nachten hebben hun (juist) getal uren en de maan komt regelmatig. De goden zijn voldaan en tevreden; men leeft in gelach en verbazing."[3]

Deze harmonie in het leven van de mensen en van de natuur is afhankelijk van de persoonlijke levenskracht, de vitaliteit van de koning. Daarom moet, volgens Frazer, bij sommige primitieve volkeren de koning op een rituele manier zelfmoord plegen of ter dood gebracht worden wanneer zijn levenskracht hem begeeft. Bij andere is het uitoefenen van de koninklijke macht tot een zeker getal jaren beperkt; indien de koning dan niet gedood wordt moet een plaatsvervanger, mens of dier, voor hem sterven, waardoor zijn kracht, zo is de opvatting, zich voor een bepaald tijdperk hernieuwt. Aan het begrip van levenskracht, dat bij schriftloze volken vaak zulk een grote rol speelt, beantwoordt in Egypte de *ka*.[4] Uit de volgende teksten blijkt dat de *ka* van de koning

---

[3] Recente vertalingen in J.B. Pritchard, *ANET*, p. 378; R. Caminos, *Late Egyptian Miscellanies*, Londen, 1954, p. 324. Voor andere teksten over hetzelfde thema zie G. Posener, *Littérature et politique dans l'Égypte de la XIIe dynastie*, (*Bibl. École des Hautes Études*, 307), Parijs, 1956, p. 57-58.

[4] Zie Ursula Schweitzer, *Das Wesen des Ka im Diesseits und Jenseits der alten Ägypter*, (*Ägyptol. Forschungen*, 19), Glückstadt, 1956 en H. Frankfort, *Kingship and the Gods*, Chicago, z.j. (1948), Hoofdstuk 5. Betreffende het belang van de „levende kracht" of *muntu* bij de Bantoe's, zie Pl. Tempels, *Bantoe-Filosofie*, (*Kongo-Overzee Bibliotheek*, 4), Antwerpen, 1946 (beter bereikbaar in de Franse vertaling van A. Rubens, *La Philosophie bantoue*, (*Présence africaine. Collection*), Parijs, 1949). Over de invloed van de vitaliteit van de koning op die van zijn onderdanen schrijft de auteur op p. 34: „En zoo komt men er toe de Zwarten te begrijpen, die zeiden toen de administratie een nieuwen chef wou benoemen, welke volgens zijn levensrang onmogelijk de schakel kon zijn tusschen het voorgeslacht en de levenden: Maar het is onmogelijk dat de kandidaat van de administratie onze chef weze,

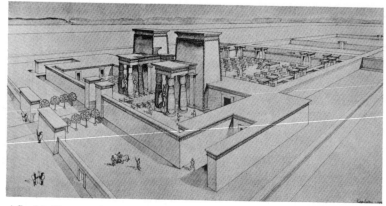

Afb. 34. De tempel van Achetaton: het *benben*-huis. (Uit: Id., *ibid.*, pl. IX).

de vitaliteit van zijn onderdanen beïnvloedt. De onderwijzing van Sehe-tepibrē aan zijn kinderen, uit de 12e dynastie, zegt: „Hij (de koning) is iemand die de Beide Landen meer verlicht dan Aton, die de aarde meer doet gedijen dan de Nijl met de overstroming, wanneer hij de Beide Landen met kracht en leven vult..., iemand die de levenskrachten (ka's) aan diegenen schenkt die hem volgen, die voedt degene die hem onder-danig is. De koning is de ka, overvloed is zijn mond, de schepper is hij van al het zijnde." [5] De ritualen voor de cultus van Amon en van Moet te Karnak geven de koning bij het begin van de morgendienst in het adyton de volgende woorden in de mond: „Zielen van Heliopolis, gij zijt gaaf wanneer ik gaaf ben, en omgekeerd. Uwe ka's zijn gaaf wanneer mijn ka gaaf is aan het hoofd van de levende ka's (dit zijn de inwoners van Egypte); alle ka's leven wanneer ik leef." [6]

Er wordt veelal een verband gelegd tussen de boven vermelde instellin-gen en het Egyptische *ḥeb-sed*, het sed-feest of z.g. jubileum van de koning. (Afb. 35). Weliswaar bewijst geen enkel gegeven de stelling van A. Moret, volgens wie het feest zou herinneren aan een vroeger gebruik,

dit kan eenvoudig niet, want niets meer zal groeien of gedijen op onzen grond, onze vrouwen zullen niet meer baren en al wat leeft op dezen grond zal onvruchtbaar blijven!"

[5] H.O. Lange - H. Schäfer, *Grab- und Denksteine des Mittleren Reiches*, II, p. 147, r. 12 v.v.

[6] *Hieratische Papyrus aus den kgl. Museen zu Berlin*, I, p. 2,4 vlg. 1,5 vlg.

Afb. 35. Rituele loop samen met de Apis-stier als onderdeel van het sed-feest; blok van de zogenaamde rode kapel van Hatsjepsoet te Karnak. (Foto J.Q.).

de koning na een bepaalde ambtsduur af te zetten of te doden.[7] Ook heeft men nog op geen expliciete toespelingen op de hernieuwing of versterking van de ka gewezen. Dit feest is echter een herhaling van de kroningsceremoniën en het heeft duidelijk tot doel de vorst, met nieuwe jeugd begiftigd, zichzelf te laten opvolgen. Dat het voor de eerste keer 30 jaar na de troonsbeklimming (voor sommige koningen ook eerder) gevierd werd en daarna om de vier en om de drie jaar opnieuw plaats vond lijkt wel in verband te staan met de afnemende vitaliteit van de vorst. De boven geciteerde hymne op Merneptah laat duidelijk de eenheid blijken die voor de Egyptenaren tussen het menselijk leven en het leven van de kosmos bestaat. Naast de koning moeten natuurlijk de goden, in de eerste plaats, het normale verloop van dit leven verzekeren. Dit levensritme wordt uitgedrukt door het begrip *maät*, dat gepersonifieerd wordt door de godin met dezelfde naam, afgebeeld als een zittende vrouw met een veer op het hoofd en die het levensteken *anech* in de hand houdt. (Afb. 36). Maät is de goddelijke orde van de kosmos en van de natuur, zoals zij ten tijde van de schepping vastgesteld werd;

[7] A. Moret, *Des clans aux empires*, p. 175.

zij is evenzeer de orde van de menselijke gemeenschap, die haar concrete neerslag vindt in de beoefening van waarheid en gerechtigheid.[8] De tegenovergestelde begrippen zijn enerzijds wanorde, chaos, anderzijds onrecht (*isfet*) en leugen (*gereg*). De goden hebben tot taak de orde te handhaven en daarvoor moeten zij de steeds dreigende machten van de chaos verdrijven. Dit staat, in de ogen van de Egyptenaar, gelijk met een voortdurende schepping. Opdat zij dit zouden doen moeten zij echter daartoe aangedreven worden door de dagelijkse cultushandelingen van de koning.[9] Hoe dit geschiedt zal de beschrijving van de eredienst aantonen.

Afb. 36. Seti I biedt Maät aan de goden aan. (Uit: O. Keel, *Altorient. Bildsymbolik*, p. 258).

[8] Deze kosmische betekenis van Maät werd voor het eerst in het licht gesteld door W.B. Kristensen, *Livet fra døden*, Oslo, 1925; Ned. vertaling: *Het leven uit den dood*, Haarlem, 1926, en door zijn leerling C.J. Bleeker, *De betekenis van de Egyptische godin Maat*, Leiden, 1929.

[9] Cf. Ph. Derchain, *Le rôle du roi d'Égypte dans le maintien de l'ordre cosmique*, in *Le Pouvoir et le Sacré. Annales du Centre d'Étude des religions* (Brussel), I (1962), p. 61-73.

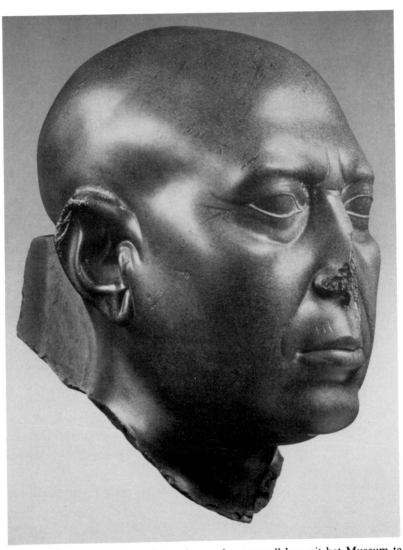

Afb. 37. Kop van een Egyptisch priester: de „groene" kop uit het Museum te W. Berlijn. (Uit: J. Leclant e.a., *Les pharaons. L' Egypte du crépuscule*, p. 164).

Hoewel alleen de koning afgebeeld wordt bij het uitoefenen van de eredienst, toch laat hij zich vervangen door personen aan wie hij daartoe zijn macht delegeert: de priesters. (Afb. 37). Over de organisatie van de zeer talrijke Egyptische priesterschap bezitten wij slechts toevallige gegevens, die verspreid liggen in teksten van diverse aard. Daarom verschilt het beeld dat iedere auteur hiervan reconstrueert telkens weer in allerlei details. Wij stellen ons de opbouw van de hiërarchie als volgt voor.[10] Er dient een onderscheid gemaakt tussen de eigenlijke priesters en de leden van de lagere clerus. Alleen de eersten hebben het recht het adyton of „heilige plaats" te betreden en de dagelijkse cultushandelingen te voltrekken. Hij die door de koning, of diens gedelegeerde, daartoe is benoemd wordt priester tengevolge van een ceremonie die met het woord *bes* wordt uitgedrukt; dit woord wijst op een soort „initiatie", zoals die later in de mysteriën plaats vond. Volgens de inscriptie op een standbeeld bestaat deze inwijding hierin, dat de kandidaat-priester zich eerst reinigt in de heilige vijver en „zich ontdoet van alles wat slecht is in hem"; dit betekent vermoedelijk dat hij kaal geschoren wordt en dat alle haren van het lichaam verwijderd worden. Hij trekt het nieuwe linnen gewaad aan dat de priester, met uitsluiting van alle andere weefsels, moet dragen; daarna treedt hij het allerheiligste binnen en aanschouwt de god in de naos. Een demotische tekst uit een latere periode gewaagt bovendien van een zalving van de handen.[11]

Omwille van deze initiatie en ook wegens allerlei voorschriften waaraan hij zich moet houden wordt de priester in het Egyptisch met een woord aangeduid dat wij *wab* lezen maar dat, blijkens het Koptisch, *wè'b*, en in zijn oudste vorm *wu'bu* werd uitgesproken. Hierin herkennen wij de *qutlu*-formatie die ook in het Hebreeuws en het Arabisch dient om gesubstantiveerde adjectieven te vormen.[12] Etymologisch betekent zijn titel dus „een reine". In een gewone provincietempel zijn er naar raming

---

[10] Discussie van het probleem aan de hand van de bronnen in J. Vergote, *Joseph en Égypte*, (*Orientalia et Biblica Lovaniensia*, 3), Leuven, p. 80-94.

[11] Standbeeld van de priester Hor, Kairo no. 42230, ed. G. Legrain, *Statues et statuettes de rois et de particuliers*, III, (*Catalogue général du Musée du Caire*), p. 72-74; *Catalogue of the Demotic Papyri in the John Rylands Library* (ed. F. Ll. Griffith), III, p. 60-112, 218-253 en 309; cf. J. Capart, *Un roman vécu il y a vingt-cinq siècles*, 2e dr., Brussel, 1941, p. 56.

[12] J. Vergote, *De verhouding van het Egyptisch tot de Semietische talen*, (*Meded. Kon. Vlaamse Acad. voor Wet., Letteren en Schone Kunsten v. België*, Kl. der Lett., 27, no. 4), Brussel, 1965, p. 43-46 en 63.

10 tot 20 of 25 priesters aanwezig. Doch in de tempel van Amon te Karnak en in de andere grote heiligdommen zijn de wab-priesters veel talrijker. Zij zijn in vier klassen (Eg. *sa*; Grieks *phylè*) ingedeeld, die om de beurt gedurende een maand de tempeldienst waarnemen. De belangrijkste priesters heten *ḥem-netjer* of „godsdienaar", doch wij duiden hen gemakshalve aan met de naam „profeet" die de Grieken hun gegeven hebben. Er is een stijgende rangorde van de 4e tot de 1e profeet. Deze laatste is de hogepriester, het hoofd van de tempel. In sommige tempels draagt hij een speciale naam, bijv. „de grootste der zieners" of „de grote aan aanschouwingen van Rē" te Heliopolis, „de grote leider van de kunstenaars" te Memphis. In bepaalde tijdperken echter schijnt de titel van profeet aan een groot deel van de wab-priesters te zijn toegekend. De naam *ḥem-netjer* is soms verbonden met die van *it-netjer* of „godsvader". Deze wordt evenwel ook door hoge ambtenaren gedragen; daarom menen wij er een eretitel in te moeten zien, in de aard van de vroegere Duitse titel „Geheimrat", die door de koning wegens uitzonderlijke verdiensten aan die personen werd verleend. Door het Decreet van Canopus richtte de priestersynode onder Ptolemaeus III Euergetes in 237 v.C. een vijfde phyle in en plaatste aan het hoofd een profeet „zoals dit in de andere vier phylen het geval is".

De lagere clerus is eveneens in vier klassen of phylen ingedeeld. Hier dient in de eerste plaats de *ḥeri-ḥeb* vermeld te worden. Dit woord betekent „hij die het ritueel draagt" en kenmerkt hem als iemand die een rol speelt bij de liturgische handelingen. De egyptologen vertalen het door „prêtre-lecteur", „Vorlesepriester"; daar zij geen eigenlijke priesters zijn menen wij de naam beter door „voorlezer" of „ritualist" te kunnen weergeven. Zij werden opgeleid in het *per-anech* of „levenshuis", aan iedere grote tempel gehecht. Daar leren zij in de eerste plaats lezen en schrijven, niet alleen het schrift voor het alledaagse gebruik maar bovendien dit waarin de heilige boeken gesteld zijn, nl. de hiërogliefen en, in de latere perioden, ook het hiëratisch. Deze heilige boeken, die zij copiëren en bestuderen, bevatten voornamelijk de mythen, de z.g. „annalen" van de goden benevens de hymnen aan de goden en alle andere liturgische teksten. Onnodig te zeggen dat ook nieuwe hymnen en theologische werken door hen of tenminste door hun professoren worden geredigeerd; hierop slaat vermoedelijk de titel *sesj medjat netjer* of „schrijver van het godsboek" die sommige ritualisten dragen. Voor het vaststellen van de kalender der religieuze feesten en zelfs van de uren waarop dagelijks de eredienst moet voltrokken worden is de kennis van de astronomie vereist. De aardrijkskunde en de topografie van Egypte zijn voor hen belangrijk omdat deze hun de ligging van de tempels en van de bedevaartsoorden, de verdeling van de cultus der goden over de verschillende gouwen leert kennen. Tot de wetenschappen die hier onderwezen worden behoren verder de wis- en meetkunde, de geneeskunde, de droomuitlegging en de magie. Het Levenshuis heeft overigens tot taak door de magie het leven van Osiris te beschermen.[13] Een magische ritus waartoe normaal de ḥeri-ḥeb zijn medewerking verleende is het z.g. „openen van de mond".[14] Hierdoor wordt leven geschonken aan de standbeelden en alle andere afbeeldingen in de tempel; om deze reden zijn beeldhouwers, tekenaars en andere kunstenaars aan het Levenshuis verbonden. Dezelfde ritus wordt toegepast op de mummie om de dode opnieuw tot leven op te wekken. Wij treffen derhalve de ritualist aan onder de verschillende „dodenpriesters" die zich met de mummificering, de reinigende besprenkeling van de dode, de begrafenis bezig houden. De vele exemplaren van het Dodenboek, dat de dode in het graf meegegeven wordt, zijn voorzeker ook producten van het Levenshuis. De magische bedrijvigheid van de ḥeri-ḥeb was in de ogen van de massa zo belangrijk dat in de volksverhalen hun titel van „leider", ḥeri-tep, synoniem werd van „tovenaar". Ditzelfde woord werd door het Hebreeuws ontleend om onder de meervoudsvorm ḥarṭummîm in Genesis de tovenaars van Egypte aan te duiden.

Vele van deze personages — zo wil het ons voorkomen — werden nooit priester, doch bleven hun leven lang ḥeri-ḥeb. Daarbij werd door hen waarschijnlijk aan specialisatie gedaan en de ene legde zich toe op de meetkunde, de andere op de astronomie of op een der takken van de geneeskunde. Men mag veronderstellen dat dit voornamelijk het geval was met hen die bij de mummificering behulpzaam waren: het contact met de doden moest een onreinheid met zich brengen die hen ongeschikt maakte voor de cultus in de tempel. De ritualist is te herkennen aan een brede schouderband die schuin over de borst tot aan de lenden loopt. In

---

[13] Dit blijkt uit een rituaal van het Levenshuis van Abydus dat tot dit doel gebruikt werd, ed. Ph. Derchain, *Le papyrus Salt 825 (B.M. 10051), rituel pour la conservation de la vie en Égypte*, (*Mém. Acad. roy. de Belgique*, Coll. in 8°, t. 58, fasc. Ia, Ib), Brussel, 1965.

[14] E. Otto, *Das ägyptische Mundöffnungsritual*, 2 dln., (*Ägypt. Abh.*, 3), Wiesbaden, 1960.

Afb. 38. Een ritualist of „pterofoor" en een priester met sistrum. (Uit: F. Daumas, *Les Mammisis de Dendara*, pl. LXXXVI, LXXXVII).

latere perioden draagt hij een veer op het hoofd; daarom wordt hij in het Grieks „pterofoor" genoemd. (Afb. 38).

Tot de tweede categorie der leden van de lagere clerus behoort de *oenoeti* of *imi-oenoet*. Het begrip „uur" (*oenoet*), in deze woorden bevat, komt ook voor in hun Griekse namen *hôrologos, hôroskopos*. Deze „Stundenpriester" of „prêtres horaires" volgen niet alleen op het platte dak van de tempel het verloop der uren maar kondigen dit voorzeker ook aan (*hôro-logos*!). Ofwel maken zij door een geluidssignaal of door gezang, zoals de moderne mohammedaanse muezzin, alleen het begin van de religieuze plechtigheden bekend. Zij moeten een voldoende

69

kennis van de astronomie bezitten om 's nachts op grond van de bewegingen der hemellichamen de tijd te bepalen. Wanneer, na een maand dienst, een phyle door een andere opgevolgd wordt, moet zij aan deze een inventaris overhandigen van de beelden, het vaatwerk en het meubilair van de tempel.

De leden van de derde categorie van de lagere clerus, die de naam *kaoeti* dragen, schijnen vooral met het onderhoud van de tempel belast te zijn; zij reinigen de tempel met bezem en stoffer (Grieks *neôkoros, kalluntês*), maken hem met water schoon (Grieks *rhantês*) en doen waarschijnlijk ook dienst als portier. In de veronderstelling dat de Griekse naam *pastoforen* op hen doelt zou hieruit misschien mogen besloten worden dat zij als kenteken een geborduurd kleed dragen. Zij nemen ook deel aan de administratie van de tempel, controleren de leveringen van graan en wijn, het brouwen van het bier, bewaken de landbouwers en de andere werklieden.

Aan iedere tempel is bovendien een groep musici, zangers en zangeressen, gehecht, die sommige religieuze plechtigheden opluisteren.

Terwijl deze laatsten bestendig nabij de tempel verblijven zijn sommigen onder de horologen en de pastoforen personen die in het burgerlijk leven een betrekking hebben, soms zelfs een hoog ambt bekleden, en die op regelmatige tijdstippen gedurende een bepaalde periode, vermoedelijk een maand, de dienst in de tempel waarnemen. Wellicht hebben deze „hiërodulen" zich door de ene of andere gelofte aan de tempel verbonden maar het lijkt ons evenzeer mogelijk dat hun verplichtingen voortspruiten uit het feit dat zij zonen van priesters zijn. Hoewel het de koning vrijstaat eender wie tot priester aan te stellen kiest hij in de regel de bedienaars van de eredienst onder de afstammelingen van de priesters. Daarom bestaan er erkende priestergeslachten. Aangezien, volgens het Decreet van Canopus, de meisjes uit deze geslachten bij de cultus betrokken worden gebeurde dit misschien op de boven vermelde manier met de jongelingen die een profane loopbaan kozen.

Tenslotte zij opgemerkt dat van een zeker tijdperk af de naam *wab* voor alle „geestelijken" of clerici gebruikt werd (vgl. in België *pastoor; curé*). Zo spreken de Decreten van Memphis en Canopus, met betrekking tot de lagere clerus, van „de andere wab's", (Grieks *hoi alloi hiëreis*). Als gevolg hiervan moet voor de eigenlijke priester een lange omschrijving gebruikt worden die op de specifieke rituele handelingen wijst: „de aangestelden over de mysteriën, die de god reinigen en het adyton betreden om de goden met hun gewaden te tooien".

C. De dagelijkse eredienst en de religieuze feesten

Men onderscheidt een dagelijks ritueel, een ritueel voor de feestdagen en jaarlijkse panegyrieën, die meerdere dagen duren. Dagelijks hebben de cultushandelingen plaats op precies bepaalde tijdstippen, die door de horologen aangekondigd worden, 's morgens, 's middags en vóór zonsondergang.

Wij zijn volledig ingelicht over het verloop van de morgendienst door twee papyri uit het Museum te Berlijn waarvan de ene (nr. 3055) het rituaal voor de cultus van Amon te Karnak en de tweede (nrs. 3014 + 3053), meer fragmentarisch, het rituaal van Moet te Karnak bevat. Beide dateren uit de 22e dynastie. Daarnaast beschikken wij over de afbeeldingen van de morgendienst, van inscripties voorzien, in zes van de zeven kapellen van de dodentempel van Seti I (19e dynastie) te Abydus. Deze zes kapellen zijn, van links naar rechts, respectievelijk gewijd aan Ptah van Memphis, Rē-Harachte van Heliopolis, Amon van Thebe, Osiris van Boesiris, Isis en Horus. In de eerste, de kapel van de dode Seti I, zijn de geboorte en de jubileum- of sed-feesten van de koning afgebeeld. De taferelen uit de tempel van Abydus werden door de eerste uitgever A. Mariette (1869), van 1 tot 36 genummerd. De volgorde van de eerste werd gewijzigd door G. Roeder[15] en aangepast aan die van het Amonsrituaal uit Berlijn, hetwelk 66 hoofdstukken bevat.[16] Hiermee stemmen overeen de zes taferelen in het *boe djeser* of adyton van de tempel van Hathor te Dendara en de twintig verschillende afbeeldingen op de oost- en noordwand van het adyton van de tempel van Horus te Edfoe, beide uit de Hellenistische tijd.

Anderzijds is er een rituaal bewaard van de vergoddelijkte koning Amenhotep I op een papyrus uit het British Museum (nr. 10589) en van een parallelle tekst berust een deel in het Museum te Kairo en een ander te Turijn. Naast dit rituaal kan men als illustratie de afbeeldingen

---

[15] G. Roeder, *Kulte, Orakel und Naturverehrung im alten Ägypten*, (*Die ägyptische Religion in Texten und Bildern*, 3), Zürich-Stuttgart, z.j. (1960), p. 72-142.

[16] Uitgave met uitvoerige kommentaar door A. Moret, *Le rituel du culte divin journalier en Égypte*, (Ann. du Musée Guimet, *Bibl. d'Études*, 14), Parijs, 1902.

plaatsen op de oostwand van de hypostyle zaal van de Amontempel te Karnak, alsmede sommige voorstellingen op de noordwand van het eerste hof in de tempel van Ramses III te Medinet Haboe.[17] Deze episodes zetten in zekere mate het bovenvermelde ritueel van Berlijn en van Abydus voort en voltooien het.

Uit deze gegevens kan besloten worden dat de eredienst van de verschillende goden over geheel Egypte ongeveer geschiedde zoals hij nu beschreven zal worden.

Lang vóór het aanbreken van de dageraad, vermoedelijk op een signaal door de horologos gegeven, beginnen de eerste voorbereidselen in de wijk van het tempelpersoneel. De tempelschrijvers bezorgen aan de opzichters de lijst van de offergaven die moeten klaargemaakt worden. Broden worden gekneed en gebakken, honing- en andere offerkoeken worden vervaardigd; fruit, groenten en bloemen worden op grote schotels opgestapeld, wijn en bier worden in de kruiken gedaan. De slachters doden eenden en ganzen, en het offerrund nadat dit door een deskundige is gekeurd. De dienstdoende priesters verlaten hun woningen en begeven zich naar de tempelvijver. Langs de vier trappen dalen zij in het water neer, dat niet alleen hun lichaam reinigt maar hen ook tot een nieuw, bovennatuurlijk leven wekt. Daarna treden zij de tempel binnen, waar elkeen de hem toegewezen taak volbrengt: bewieroking, andere reinigingen, het bereiden van oliën, zalven en natronkorrels. Twee priesters gaan water halen in de waterput. (Zie afb. 28). De ene draagt het vat en de andere gaat voorop en bewierookt het. Zo schrijden zij langs de tempelomgang van oost naar west en gaan langs de westelijke zijdeur in de Nijlkamer binnen. Hier wordt het water gewijd en vervolgens worden in de „hal der verschijning" de plengvaten ermee gevuld. Spoedig daarop komt de offerstoet langs de oostelijke zijdeur de tempel binnen; zij dragen op hun vóór zich uitgestrekte armen grote schotels met bloemen en fruit, met broden en vlees, of de kruiken met drank en zetten die neer in dezelfde hal. Nadat de hier aanwezige priesters de offeranden met wierook en door besprenkelen met water geheiligd hebben worden deze in de offerzaal en waarschijnlijk sommige ervan ook in de „hal der Enneade" geplaatst.

Intussen is het ogenblik aangebroken waarop de priester die de

---

[17] Zie H.H. Nelson, *Certain Reliefs at Karnak and Medinet Habu and the Ritual of Amenophis I*, in *JNES*, 8 (1949), p. 201-232 en 310-345.

eredienst zal voltrekken zich naar de „heilige plaats" (*boe djeser*) of adyton begeeft. Volgens sommige egyptologen worden de hoge poorten in de as van de tempel daarvoor geopend. De priester, vergezeld van een stoet, schrijdt plechtig binnen; hij wordt in het morgenhuis gereinigd en gekleed en neemt daar een licht ontbijt. Daarna stapt hij, terwijl hymnen gezongen worden, naar het adyton. Volgens andere auteurs geschiedt dit slechts op de feestdagen. Op de gewone dagen komt ook hij langs de oostelijke zijdeur binnen.

Van hier af kunnen wij steunen op de gegevens uit de tempel van Abydus, naar wiens taferelen onze Arabische cijfers verwijzen, en op het Amonsritual, waarvan de hoofdstukken in Romeinse cijfers worden aangegeven. (Afb. 39). Het verschil tussen beide getallen, 36 tegenover 66, is ten dele te wijten aan het feit dat dit laatste verschillende hymnen, o.a. aan Amon, bevat. Het ligt ook hieraan, dat de kapittels xxvii-xxxiv een letterlijke herhaling zijn van x-xvii. Moret heeft hieruit besloten dat de priester de naos tweemaal na elkaar opent, eerst als vertegenwoordiger van de koning van Opper-Egypte, daarna in naam van de koning van Beneden-Egypte, of omgekeerd. Aangezien met geen woord op de geografische indeling van het land gezinspeeld wordt moet de uitleg elders gezocht worden.

Op het ogenblik dat buiten de zon aan de horizon verrijst, staat de priester vóór de gesloten deur van het *boe djeser*. Te Abydus is ieder van de zes kapellen een *boe djeser* of adyton. Vóór elke deur staat een priester en zij voeren gelijktijdig alle cultushandelingen uit. Wij zullen het hier voorstellen alsof één enkele aan het werk was; er zij ook nog aan herinnerd dat wij van een priester spreken hoewel het de koning is die telkens afgebeeld wordt. Onder herhaaldelijk bewieroken en plengen van water doet de priester de volgende gebaren, die elk met het reciteren van een „spreuk" gepaard gaan. Hij maakt het snoer los dat beide deurvleugels verbindt (2 = vii), verbreekt het kleizegel op de deurgrendel (3 = viii), trekt de grendel weg (4 = ix) en opent de deurvleugels (5 = x). Te Abydus staat, naar onze mening, het godsbeeld in een naos zonder deuren zodat het onmiddellijk zichtbaar is. De priester aanschouwt derhalve de god (6), werpt zich op de grond en kust de aarde (7). Te Karnak blijft het cultusbeeld verborgen achter de deuren van de naos. Indien hier toch gesproken wordt van het zien van de god (xi) moet dit vermoedelijk opgevat worden in de zin van „de goddelijke aanwezigheid". Ook hier werpt de priester zich op de grond en kust de aarde

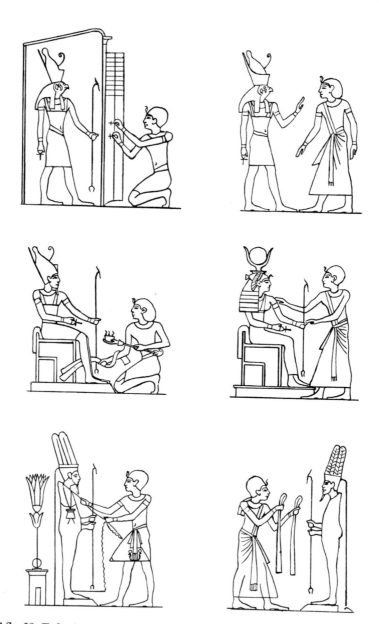

Afb. 39. Taferelen van de Dagelijkse Eredienst te Abydus. (Naar: G. Roeder, *Kulte und Orakel im alten Ägypten*, passim).
(Het cijfer tussen haakjes verwijst naar het nummer van het tafereel in de tekst).
1. Wegtrekken van de grendels van het adyton (4). – 2. Verering van de god met neerhangende armen (13). – 3. Afwissen van de troon (14). – 4. De handen op de

god leggen (15). – 5. Uittrekken van het lange kleed (17). – 6. Aantrekken van het witte kleed (20). – 7. Het aanbieden van *sesjepet*-snoer en kwast (24). – 8. Opzetten van de hoofdtooi (25). – 9. Aanbieden van drie scepters en twee armbanden (26). – 10. Aankleden met de rode mantel (28). – 11. Zand op de grond strooien (29). – 12. Uitwissen van de voetsporen met een bezem (36).

(xii-xvii); hij reciteert een hymne aan Amon of deze hymne wordt gezongen (xviii-xix), hij offert reukwerk (xx) en wierook (xxi). Te Abydus beantwoordt hieraan het offeren van wierook aan de uraeus van de god (8).

Daarna is beiderzijds sprake van het naderen tot de naos (*sechem*) (9-10 = xxii-xxiv). Vóór deze staat te Abydus de processieboot, die door de priester bewierookt wordt (11; cf. 12); in een gebaar van verering blijft hij met neerhangende armen voor de god staan (13), daarna wist hij met een doek de troon af (14). In het Amonsrituaal beklimt de priester de trappen van de naos (xxv) en het plechtig verschijnen van de god wordt aangekondigd (xxvi). Hierop worden de kapittels x-xvii letterlijk herhaald, waarin sprake is van het openen van de deurvleugels (xxvii), het aanschouwen van de god (xxviii) en het kussen van de bodem door de priester (xxix-xxxiv). De priester bewierookt het godsbeeld (xxxv-xxxvi) en opnieuw worden hymnen aan Amon gereciteerd of gezongen (xxxvii-xli).

Dan biedt de priester aan de god een beeldje aan van de godin Maät. (Zie afb. 36). Deze handeling is in het Amonsrituaal vergezeld van een lange hymne aan Maät (xlii). Moret heeft goed ingezien dat dit het hoogtepunt vormt van de morgendienst. Dit blijkt overigens ook hieruit, dat deze handeling in de tempels van Dendara en Edfoe op de voornaamste plaats, de achterwand van het adyton, afgebeeld is.[18] Merkwaardigerwijze bevatten de kapellen van Abydus dit tafereel niet. Doch op de rechterwand (noordwand) van de zaal, juist vóór de kapellen, toont een prachtig reliëf Seti I die Maät aanbiedt aan de trias Osiris, Isis en Horus. De handeling werd dus schijnbaar alleen uitgevoerd voor deze goden, die nog eigen kapellen hebben in het achterste deel van de tempel. Een opschrift hierbij luidt: ,,Maät geven aan de heer (= eigenaar) van Maät". Dit is een welsprekende variante van de *do-ut-des* formule, die in vele religies zulk een belangrijke rol speelt.[19] Het hoofddoel van de hele morgendienst is dus dat de koning aan de

---

[18] A. Moret, *Le rituel du culte divin journalier*, p. 147, n. 2 somt de verschillende voorstellingen op van het aanbieden van Maät die gegeven worden door R. Lepsius, *Denkmäler aus Aegypten und Aethiopien*, III, 139, 174, 182, 183, 200, 201, 219, 220, 223, 257, 273, 274, 284; IV, 1, 8, 18, 24, 34, 35, 44, 47, 68, 69, 72. Hij verwijst naar A. Mariette, *Dendérah* (Parijs, 1873), Texte, p. 7, n. 2.

[19] Vgl. G. van der Leeuw, *Die do-ut-des Formel in der Opfertheorie*, in *Archiv f. Religionswiss.*, 20 (1920-1921), p. 241 v.v.; Id., *La religion dans son essence et ses manifestations*, (*Bibl. scientifique*), Parijs, 1948, p. 342-347.

godheid dit symbool zou aanbieden opdat deze, als antwoord hierop, de wereld en de natuur in evenwicht zou bewaren en onder de mensen vrede en recht doen heersen.

Na dit kernmoment wordt de rest van de eredienst aan het toilet van de god gewijd. Dat de priester „zijn handen op de god legt" (15 = xliv) betekent dat hij het cultusbeeld vastgrijpt en het uit de naos neemt. Nadat hij met de kleine vinger van de rechterhand het gelaat van de god gezalfd heeft (16) trekt hij hem een lang kleed uit (17). Dit verzinnebeeldt het volledig ontbloten van het beeld, dat vervolgens met water uit vier *nemset*-kruiken en uit vier *desjeret* of rode kruiken wordt gewassen (xlvi-xlvii). De god, met een eerste wit kleed (*nemes*: lendenschort of hemd?) getooid (18), wordt door bewieroking gereinigd (19 = xlviii) en de priester trekt hem zijn drie gewaden opnieuw aan: een wit kleed (20 = xlix), een groen (21 = li) en een helderrood (22 = lii). Deze worden telkens voorgesteld als twee stroken stof die aan de god aangeboden worden. De priester bekleedt hem ook met de brede halskraag en het pectoraal, het *sesjepet*-snoer en een kwast, hij zet hem de kroon of een andere hoofdtooi op, geeft hem de drie scepters in de hand en doet hem twee armbanden en twee voetringen aan (23-26). Daarna geschiedt het aanbieden van geparfumeerde oliën, waarmee het gelaat gezalfd wordt (27 = liv-lv), alsook het schminken met groene en zwarte schmink (lvi-lvii). Het ornaat van de god wordt voltooid met een rode mantel (28 = liii).

De priester strooit daarna zand op de grond (29 = lviii), bewierookt de processieboot (30) en offert aan de god drie soorten natron, die voor het reinigen van de mond bedoeld zijn (31-33 = lx-lxiii). Het beeld wordt met water besprenkeld (34 = lxiv) en na een laatste bewieroking (35 = lxv-lxvi) wist de priester, achteruitschrijdend, met een bezem zijn voetstappen in het zand uit (36) en verlaat het adyton. Dat dit laatste, en in sommige gevallen ook de naos, gesloten en verzegeld worden is, als vanzelfsprekend, verzwegen.

De spreuken die bij ieder van deze cultushandelingen gereciteerd worden zijn alle afgestemd op de mythe van Horus en Seth. Tijdens het openen van de grendel (4), bijvoorbeeld, wordt gezegd: „De vinger van Seth is uit het oog van Horus getrokken en het voelt zich wel". Bij het afwissen van de troon (14): „Ik ben Horus, ik ben gekomen op zoek naar mijn beide ogen". Ongeveer alles wat men de god tijdens het toilet aanbiedt wordt met het Horus-oog geïdentificeerd. De spreuk voor het schenken van de *nemes* (18) begint als volgt: „De witte strook komt (tweemaal). Het witte oog van Horus komt, dat uit Necheb stamt", en zo gaat het met het witte, het groene, en het helderrode kleed (20-22), de scepters (26), de verschillende soorten van olie (27) enz. Zelfs van het zand dat op de bodem wordt gestrooid (29) wordt gezegd: „Gestrooid wordt het oog van Horus".

De taferelen 2, 3, 4, 7 en 15 eindigen te Abydus met de aanwijzing „een koninklijk offer". Dit geeft te kennen dat de priester telkens na deze riten een der offerschotels of kruiken die in de middenhal of de offerzaal opgesteld zijn aan de god aanbiedt. De vermelding „Aanbrengen van offergaven en spijzen" op het einde van tafereel 9 toont echter dat dit voornamelijk geschiedt op het ogenblik dat hij de naos nadert. Er wordt verwacht dat de ka of levenskracht van de god dan de ka van de spijzen tot zich neemt. Na het beëindigen van de morgendienst worden de offeranden op de altaren aangeboden aan de andere goden die in de tempel „te gast" zijn en aan de hoge personages wier beeld, bij koninklijk privilege, binnen de heilige omheining opgesteld is. De spreuken die gereciteerd worden tijdens deze ceremonie van de „reversion of offerings" vormen een deel van het boven vermelde ritueel van Amenhotep I. Eindelijk worden alle offergaven terug naar de tempelwijk gebracht en onder de priesters naar verhouding van hun rang verdeeld.

Over de middag- en avonddienst zijn weinig gegevens bekend. Men vermoedt dat het adyton gesloten bleef en dat voornamelijk voor de nevengoden pleng- en wierookoffers gebracht werden. Een viertal teksten uit Edfoe bevestigen evenwel dat driemaal per dag verschillende soorten van brood en ook bloemen, ganzen en koren geofferd werden.

Evenals het bestaan van de drie dagelijkse erediensten bewijzen de feestkalenders die in verschillende tempels bewaard zijn dat het religieuze leven volledig afgestemd is op het ritme van de kosmos en van de natuur. Om de vier of vijf dagen heeft een liturgisch feest plaats waarop de riten met meer solemniteit, d.w.z. op een meer ingewikkelde wijze en vermoedelijk met begeleiding van muziek en gezang uitgevoerd worden. Vele van deze feestdagen geven aanleiding tot epifanieën van de god: het cultusbeeld wordt in een houten naos op de processieboot in het voorhof van de tempel gebracht of door de straten van de stad gedragen. (Afb. 40). Bij die gelegenheid worden de bewegingen van de god door de gelovigen dikwijls als orakels geïnterpreteerd of er worden schriftelijke orakelvragen gesteld aan de god op de plaatsen waar de processie halt

Afb. 40. Processieboot gedragen door priesters, voorstelling te Karnak. (Naar: *Mythol. Papyri*, p. 18).

houdt. Van de meeste van deze feesten zijn ons slechts de namen bekend en deze leren ons niets over de aard of het verloop der ceremoniën. Sommige jaarlijkse panegyrieën zijn daarentegen in detail in de tempels beschreven. Twee ervan mogen hier vermeld worden.

Zoals bij vele volkeren die kosmogonische riten bij hun grote feesten kennen is nieuwjaarsdag bij de Egyptenaren uitermate belangrijk. Hij valt in principe (en ook in feite, wanneer het zonnejaar en het kalenderjaar overeenstemmen) samen met de eerste dag van het wassen van de Nijl. Hij betekent de hernieuwing van het leven en de vruchtbaarheid in de natuur, doch ook van het leven van de goden, de koning en het gehele volk. Te Edfoe begint dit ,,Eerste feest'' op de laatste dag van de twaalfde maand en de viering ervan duurt voort tijdens de vijf dagen van de toegevoegde ,,kleine maand'' (de z.g. epagomenen) tot de derde of vijfde dag van het nieuwe jaar. Er hebben dan vermoedelijk verschillende processies plaats die de godsbeelden naar de *wâbit*, het ,,reine vertrek'' brengen. (Zie afb. 28). De voornaamste ceremonie heeft op nieuwjaarsmorgen plaats. De beelden van Horus, van Hathor en de

79

nevengoden worden uit hun naos genomen en op vergulde draagbaren, elk van een baldakijn voorzien, door de priesters stoetsgewijze naar het „reine vertrek" gebracht. Daar worden hun offers gebracht en de toiletriten worden met meer luister uitgevoerd dan in de dagelijkse eredienst, onder het zingen van bijzondere hymnen. De stoet wordt opnieuw gevormd, hij trekt langs de middenhal, de offerzaal en beklimt de wenteltrap aan de oostzijde naar het dak van de tempel, waar de beelden in de z.g. kiosk worden opgesteld. Onder de riten die hier plaats vinden is de voornaamste die van „het zich verenigen met de zonneschijf": op het ogenblik dat de zon opgaat worden de goden ontsluierd met het doel „Rē te zien in de oostelijke horizon, opdat zijn licht aan hun beelden voorbijgaat, om hun ledematen te verjongen, om hun beelden te vernieuwen, om hen te doen leven door het zien van zijn stralen". Daarna brengt de processie langs de westelijke, rechte, trap de goden naar hun kapellen terug. Dezelfde plechtigheid heeft te Dendara plaats en waarschijnlijk ook in de andere tempels.

Het feest van de „goede vereniging" speelt zich grotendeels buiten de tempel af. De gehele bevolking van de streek tussen Dendara en Elephantine viert mee. Het begint op de dag van de nieuwe maan in de derde zomermaand (epiphi) en het duurt tot de dag van de volle maan, twee weken later. Verschillende dagen daarvóór worden de beelden van Hathor van Dendara en haar nevengoden aan boord gebracht van haar boot „meesteresse der liefde" en zij varen stroomopwaarts temidden van een vloot van Nijlschepen, bezet met priesters en pelgrims. Op vele plaatsen onderweg wordt halt gehouden en worden offers gebracht, o.a. te Karnak, Komir en Hiërakonpolis. Op de dag van de nieuwe maan komen zij ten noorden van Edfoe aan, waarheen Horus met zijn gevolg en met een afvaardiging uit Elephantine zijn echtgenote tegemoet gekomen is. (Afb. 41). Na ontscheping en het voltrekken van verschillende riten in een nabijgelegen heiligdom gaat de bootreis verder tot bij de tempel van Edfoe. Vooraleer deze te bereiken houdt de processie onderweg nog halt, bij de z.g. heuvel van Geb, voor een nieuwe ceremonie. De stoet brengt eindelijk de beelden naar het allerheiligste van de tempel en hier brengen Horus en Hathor hun huwelijksnacht door.

Het feest van Behdet (naam voor Edfoe) dat 's anderdaags begint is in een periode van vier en in een van tien dagen verdeeld. Over de laatste is weinig bekend maar in de eerste dagen hebben processies plaats. Een

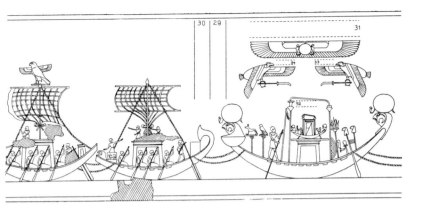

Afb. 41. Een episode uit het feest van de „goede vereniging": de tocht van Dendara naar Edfoe. (Uit: E. Chassinat, *Edfoe* X, pl. CXXVI).

van deze begeeft zich naar de begraafplaats in de woestijn, waar in een tempel offers gebracht worden aan de Goddelijke Zielen, vermoedelijk de oudste goden van Edfoe, en er wordt op hun graven getrapt. De hal van het Levenshuis is daarna het toneel van magische riten die tot doel hebben de vijanden van de god te vernietigen en zijn wereldheerschappij te hernieuwen. Deze stoeten geven aanleiding tot allerhande volksvermaken. Op de dag van de volle maan hervat Hathor de terugreis na het vieren van afscheidsceremoniën. H.W. Fairman besluit zijn beschrijving van dit feest met de bemerking: „Het is het volmaakte Egyptische voorbeeld van het ideale type, door de antropologen geconstrueerd, van het godenhuwelijk verbonden met oogstriten en met de cultus der voorouders".[20]

[20] H.W. Fairman, *Worship and Festivals in an Egyptian Temple*, in *Bull. John Rylands Library Manchester*, 37 (1954), p. 165-203, inz. p. 200.

V. DE HERVORMING VAN ECHNATON

Omstreeks 1372 v.C. volgde Amenhotep IV zijn vader Amenhotep III op als koning van Egypte. Hij erfde van hem vermoedelijk een zekere hang naar vernieuwing en naar bevrijding uit de eeuwenoude verstarde traditie. Amenhotep III had een bewijs van zijn non-conformisme gegeven door te huwen met Teje, de dochter van een priester, aan wie hij een rol toebedeelde in het openbaar leven die geen enkele koninklijke echtgenote voorheen in Egypte gespeeld had. Nefertiti, de schone echtgenote van Amenhotep IV, was naar alle waarschijnlijkheid evenmin een prinses en wij zien haar bij elke gelegenheid naast de koning optreden. Van het begin van zijn regering af gaf Amenhotep IV blijk van zijn verering voor de zonnegod, voorgesteld als zonneschijf en Aton geheten. Tijdens het Nieuwe Rijk, voornamelijk onder Amenhotep III, is een toenemend gebruik te constateren van deze naam en van dit symbool, hoewel zij nog niet het voorwerp zijn van een bijzondere cultus. Amenhotep IV bouwde ten oosten van de Amontempel te Karnak een heiligdom voor Aton dat blijkbaar dezelfde aanleg vertoonde als de oude zonnetempels. Toen hij aan deze cultus een bevoorrechte plaats begon te geven kwam hij in conflict met de priesterschap van Amon. Zeer spoedig kwam het tot een breuk en in het 6e jaar van zijn regering begon hij met het bouwen van een nieuwe hoofdstad, ca. 300 km. ten noorden van Thebe, op de plaats van het huidige el-Amarna. Hij noemde deze stad Achetaton ,,horizon van Aton'' en veranderde zijn naam in Echnaton ,,nuttig voor Aton'' of ,,het dunkt Aton goed''. De verering van alle andere goden werd verboden, hun tempels gesloten en hun beelden vernietigd. Vooral de cultus van Amon werd vervolgd; op alle monumenten, ook de kleinste, werd de naam van de rijksgod weggehouwen.

Wanneer wij ons een idee willen vormen van de omvang en de draagwijdte van deze religieuze omwenteling moeten wij de inhoud van de drie voorgaande hoofdstukken vóór ogen houden en ons ervan bewust worden dat Echnaton's leer van dit alles de volstrekte negatie is.

Het gehele Egyptische pantheon: niets daarvan wordt geacht te bestaan. Wel worden de namen Rē, Rē-Harachte (d.i. „Rē-Horus in de horizon"), Sjoe nog aangetroffen in de teksten uit el-Amarna, doch zij hebben elke relatie tot Amon en Atoem ingeboet. Zij zijn loutere synoniemen geworden van de naam van de zonneschijf met stralenhanden. Dit blijkt bijvoorbeeld uit de titulatuur die aan Aton, gelijk aan een koning, toegekend wordt. Een deel ervan luidt: „Leve de Vader Rē-Harachte, die juicht in de horizon in zijn naam: Sjoe, die Aton is". Anderzijds bestaat de nieuwe titulatuur van Amenhotep IV uit de volgende vijf namen: Horus „de sterke stier, geliefd door Aton"; Nebti „groot aan koningschap in Achetaton"; Gouden Horus „die de naam van Aton verheerlijkt"; koning van Boven- en Beneden-Egypte „schoon van gedaanten is Rē; de enige van Rē"; Zoon van Rē „Echnaton". Dat, in navolging van Heliopolis, ook te Achetaton een plaats werd toegekend aan de Mnevis-stier en dat een begraafplaats voor hem werd voorzien is te wijten aan het feit dat hij geen manifestatie is van de zonnegod, doch alleen de dienaar, de „heraut van Rē" (zie hoger).

Een ander voorbehoud moet gemaakt worden voor de godin Maät.[1] De idee van de kosmische orde, waarvan zij de verpersoonlijking is, was zo diep ingeworteld en zo zeer vervlochten met al de aspecten van de Egyptische beschaving dat zelfs de meest radicale godsdienstige revolutie haar niet uit het gezichtsveld wist te verbannen. Wel kon de koning, consequent met zichzelf, haar mythe en haar cultus, voor zoverre die bestaan hebben, onderdrukken en de antropomorfe voorstelling van de godin verwerpen; haar bestaan te loochenen was hem echter niet mogelijk. In de officiële titulatuur van de zonnegod wordt verklaard dat „Aton vreugde heeft aan Maät" en in die van de koning dat hij „leeft van Maät". Daarnaast wordt ook gezegd dat Aton en Rē „van Maät leven" en Rē wordt genoemd „hij die Maät gebaard heeft". Echnaton is „de heerser van Maät", „de heer van Maät"; hij is „bemind door Maät" en „hij jubelt over Maät". Van meer belang nog is het gebruik van het woord Maät om te verwijzen naar het harmonisch ingesteld zijn van de mens op de orde in de gemeenschap en de natuur. In het volgend hoofdstuk zal aangetoond worden dat dit de grondslag vormt van de ethiek der Egyptenaren. Op dit gebied heeft Echnaton niets gewijzigd.

---

[1] De gegevens die hier volgen zijn ontleend aan R. Anthes, *Die Maat des Echnaton von Amarna*, in *Suppl. to JAOS*, no. 14, 1952.

Wat wel nieuw lijkt is dat de koning niet alleen in de cultus doch nu ook wat de moraal betreft als bemiddelaar optreedt tussen de god en de mensen. Wanneer een ambtenaar in zijn graf te Achetaton verzekert dat hij „Maät gedaan heeft voor de koning" toont dit dat hij zich in de eerste plaats tegenover de vorst verantwoordelijk voelt voor een rechtschapen leven. De hoge ambtenaren „doen Maät opstijgen naar de koning", zij „vullen de oren van de koning met Maät", zij „spreken in Maät" tot hem, zij „treden in met Maät" tot de farao. Dit alles betekent niet alleen dat naar waarheid en rechtzinnig verslag uitgebracht wordt bij de vorst, maar dat de ambtenaar zelf en zijn beheer in harmonie zijn met Maät. Anderzijds vernemen wij dat „de koning Maät geeft in het lichaam" van zijn dienaars, dat dezen „Maät horen" van hem. Tenslotte leggen ook de doden getuigenis af van deze persoonlijke verhouding. Zij bevestigen „mijn mond draagt Maät" omdat zij trouwe dienaars van Echnaton zijn geweest, of „Maät heeft in mij verblijf gekozen" omdat zij niets gedaan hebben van wat de farao haat. Zij zijn *maäti*, d.i. „gerechtvaardigd" of „zalig", niet op grond van het dodengericht maar wegens hun dienst aan de vorst.

Het over boord werpen van het geheel der mythen is ongetwijfeld de belangrijkste factor in deze geweldige ommekeer. Sinds lang waren de Egyptenaren vertrouwd met de monotheïstische of henotheïstische opvatting, die voornamelijk in Rē de hoogste, of ook de enige god huldigde (zie hoger). Toen Echnaton de zonnegod, al zij het nog onder een andere naam, vrij maakte van het syncretisme met de andere goden en daarbij consequent verzaakte aan het antropomorfisme, kan daarin misschien het logisch doortrekken van een lange ontwikkeling gezien worden. Of het kan ook als een terugkeer opgevat worden naar de oorspronkelijke leer van Heliopolis, waar Rē eerst met Atoem en naderhand met alle andere goden geïdentificeerd werd. De mythen echter boden aan de Egyptenaren de enige geldige verklaring van het ontstaan en van het instandhouden van het heelal, van de cyclische bewegingen der hemellichamen en het ritme der seizoenen, van de vestiging van het koningschap. Nu wordt de zon het enige verklaringsbeginsel van dit alles. Om te tonen hoe dit klaar en duidelijk uitgesproken wordt in het handvest van de nieuwe leer, laten wij op het einde van dit hoofdstuk de grote Atonhymne volgen. Wie ze vergelijkt met een der hierboven geciteerde hymnen zal onmiddellijk het hemelsbrede verschil aanvoelen tussen deze producten van het mythische denken en Echnaton's rationalistische zienswijze.

Over de tegenstelling tussen de zonnetempels van el-Amarna en het klassieke Egyptische heiligdom werd reeds gesproken. Ook in andere steden van Egypte hebben er, volgens de inscripties, zulke tempels bestaan: te Heliopolis, Memphis, Hermopolis, Asioet, Thebe, Hermonthis. Zoals voorheen, is de koning de enige bemiddelaar tussen god en de mensen. Het dogma van het goddelijke koningschap wordt hier nog veel sterker beklemtoond. De vorst wordt niet alleen ,,de schone zoon van Aton" genoemd, maar tot Aton wordt bijvoorbeeld gezegd: ,,Gij brengt zijne Majesteit voort gelijk gij u zelf dagelijks voortbrengt, zonder ophouden"; daarnaast lopen verschillende koningsepitheta volkomen parallel met die van Aton. Het is nog steeds de ka, de vitaliteit van de heerser, die het welzijn van de onderdanen verzekert. In een gebed in het graf van Panehsy lezen wij: ,,Geloofd zijt gij, mijn god, die mij gebouwd hebt, die mij weldaden hebt beschikt, die mij hebt geschapen, die mij voedsel hebt gegeven en in mijn onderhoud hebt voorzien door zijn ka... Want zijne Majesteit is Rē, die de geringste carrière doet maken door zijn gunst, die ambtenaren maakt door zijn ka, het Lot dat leven schenkt, heer van bevelen en gezondheid ..." In dit licht moeten de uitspraken gezien worden die Echnaton als een levenschenkend principe loven. Hij is ,,de adem voor iedere neus", degene ,,door wie men ademt". Hij ,,maakt de Beide Landen levend". ,,Ik ben gezond, ik leef door uw aanblik" zegt een gebed. Hij is ,,het voedsel van alle mensen", ,,de overstroming van het gehele land, die dagelijks vloeit".[2] Indien hij zijn eerste sed-feest reeds in zijn 6e regeringsjaar viert, het jaar waarin hij met de bouw van Achetaton begint, moet dit vermoedelijk betekenen dat een nieuw, een ander koningschap een aanvang neemt. Maar zijn tweede *heb-sed* vierde hij naar alle waarschijnlijkheid in zijn 9e jaar, wat op het voortbestaan van de opvatting der periodieke vernieuwing van de vitaliteit kan wijzen.

Over de priesterschap en het tempelpersoneel is zeer weinig bekend. Wij weten alleen dat er een hogepriester was die, gelijk die van Heliopolis, ,,de grootste der zieners" genoemd werd; zijn onmiddellijke ondergeschikte droeg de titel ,,eerste dienaar van Aton in de tempel van Aton". Er wordt ook wel een keer vermeld dat in het benben-huis ,,zangers en muzikanten vol vreugde zijn".

---

[2] Voorbeelden geciteerd door L.G. Leeuwenburg, *Echnaton*, (*Cultuurhist. Monografieën*, 5), Den Haag, 1946, p. 112 en 74-75.

Op de afbeeldingen is het steeds de koning die de dienst leidt, dikwijls vergezeld van de koningin. (Afb. 42). Op deze figuur staat hij offerend op het altaar, gevolgd door Nefertiti en door zijn dochters, die sistrums schudden. Enkele hoge personages omringen hem in diep gebogen houding. Al de offertafels zijn rijk met gaven bedekt. Het ziet er naar uit alsof ook hier de massa geen toegang had tot de eigenlijke tempel. Voor haar zijn blijkbaar de 40 rijen van 20 offertafels bestemd, uit leem vervaardigd, die aan weerszijden tussen *per-haï, gem-Aton* en de tempel-omheining stonden. De ritus schijnt te bestaan in het toewijden of consacreren van de offerande bij middel van de *sechem*-scepter; deze handeling wordt genoemd *ḥoet-a sep 4* of „4 maal de arm uitstrekken" en ze komt ook nog na el-Amarna voor. Het is derhalve merkwaardig dat de morgendienst in Achetaton de naam *ḥenek maät* draagt, wat vertaald wordt door „Maät aanbieden". Zo leest men in een Atonhymne in het graf van Maï: „Het is Aton die iedere morgen in de horizon schitterend oprijst terwijl zijn zoon Maät aan zijn schoon gelaat aan-biedt", en in een hymne van het graf van Eje: „Hun heer, die (het land) geschapen heeft, rijst schitterend op boven hen; uw zoon biedt Maät aan uw schoon gelaat aan". Van het traditionele schenken van de Maät-figuur kan geen sprake zijn; voor dit gebaar trad misschien in de plaats het aanbieden van een cartouche met de naam van Aton, dat soms wordt afgebeeld. R. Anthes plaatst deze uitdrukking naast de bovenver-melde „Maät doen opstijgen naar de koning". Gelijk de ambtenaren aan de vorst, zo meldt deze op zijn beurt aan god dat hijzelf en geheel het land in harmonie met Maät zijn.[3] Wanneer wij echter bedenken dat het woord *maät* hier beide malen zonder determinatief en met de drie meervoudsstreepjes geschreven wordt menen wij de volgende, eenvoudi-ger, interpretatie niet te mogen uitsluiten: dit woord kan het vrouwelijk meervoud (logisch neutrum) zijn van het perfectief passief deelwoord van het verbum *maä* „geven" (cf. Lat. tua dona et *data*)[4] en dan luidt de vertaling: „Terwijl zijn zoon de offergaven aan zijn schoon gelaat aanbiedt", „Uw zoon biedt offergaven aan uw schoon gelaat aan".

De opvattingen aangaande de begrafenis en het leven na de dood hebben betrekkelijk geringe wijzigingen ondergaan. Hoewel van de

---

[3] R. Anthes, *op. cit.*, p. 27 en 31.

[4] J. Vandier, *La religion égyptienne*, p. 186 heeft aan deze interpretatie gedacht als een mogelijke woordspeling op de naam der godin Maät in de traditionele rite.

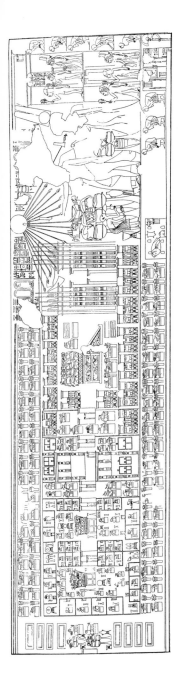
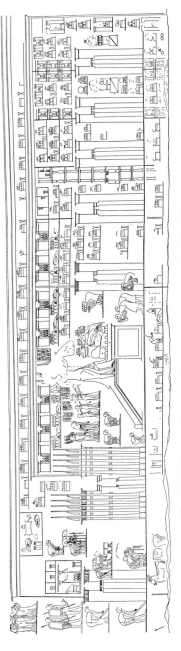

Afb. 42. Echnaton brengt offers aan de zonnegod, afbeelding uit een graf te el-Amarna. (Uit: J.D.S. Pendlebury e.a., *The City of Akhenaton*, III, pl. V).

87

dodengod Osiris nergens meer sprake is, toch worden de doden gemummificeerd in een sarkofaag neergelegd en hiernaast de kanopen met de gebalsemde ingewanden geplaatst. Op de twee hartskarabeeën die ons bewaard gebleven zijn staat echter niet, zoals voorheen, het 30e hoofdstuk van het Dodenboek, maar een gebedsformule die tot Aton is gericht. Hetzelfde geldt voor twee van de drie oesjebti-exemplaren; alleen het derde draagt het gebruikelijke 6e Dodenboekkapittel. In het ruime graf dat Echnaton te el-Amarna voor zich en zijn familie had laten aanleggen werden de brokstukken gevonden van vier roodgranieten sarkofagen en van een ongebruikte albasten kanopenkast. Volgens sommigen werd zijn lijk teruggevonden in de antropoïde, met bladgoud belegde kist die Theodore M. Davis in 1907 ontdekte in het kleine onvoltooide graf no. 55 van het Koningsdal bij Thebe.[5] Zijn naam komt inderdaad voor op een bronzen uraeus die deze kist siert en op tenminste één van de vier magische tichels die zich in het graf bevonden. Het bestaan van deze tichel(s) bewijst voor het minst dat ook voor Echnaton een zekere traditionele begrafenis was voorzien.

Aan de overledene worden door een dodenpriester offers gebracht op het altaar van zijn ka. Iets nieuws is dat daarbij uit een Atonrituaal gereciteerd wordt. Het gehele begrafenisritueel heeft tot doel de dode in een levende *ba* of verschijningsvorm te veranderen, die behagen schept in zijn graf omdat hij daar zijn aardse leven voortzet. Hij mag daar evenwel niet weerhouden worden indien hij het verlaten wil; hij moet kunnen in- en uitgaan en vrij rondlopen door de poorten van de Doeat, de onderwereld. De dode wenst vóór alles ,,'s morgens vrij op te stijgen uit de onderwereld om Aton te zien die dagelijks opgaat zonder ophouden", hij wil deel hebben aan de offers die Aton gebracht worden en de stem van de koning horen wanneer hij de dienst leidt in het benben-huis. Op deze bekommernis is blijkbaar de versiering van het graf afgestemd. Zeer vaak wordt hier de verering van de zonnegod door het koninklijk gezin afgebeeld. De inscripties geven de grote of de kleine Atonhymne of allerlei parafrasen ervan weer, soms ook een gebed waarin om een gunst gevraagd wordt voor de vorst. In tegenstelling met de vroegere en latere

---

[5] Tot in 1916 werd de mummie vrij algemeen aan Echnaton toegeschreven. C. Aldred, de meest recente verdediger van deze opvatting (*The Tomb of Akhenaten at Thebes*, in *JEA*, 47 (1961), p.41-65) geeft haar in zijn boek over Echnaton weer op ten gunste van Smenchkarē. Voor een status quaestionis van dit probleem, zie Sir Alan Gardiner, *Egypt of the Pharaohs*, Oxford, 1961, p. 233-235.

tijd neemt de koning dus in de graven van el-Amarna een overheersende plaats in en de grafeigenaar wordt slechts zelden afgebeeld. De voorstelling die het meest aangetroffen wordt is die van Echnaton die de ambtenaar met „het goud van de gunst" beloont. Tot de uitzonderingen behoren de afbeeldingen van een beeldhouwersatelier in het graf van Hoej en die van de koninklijke harem bij Eje.

Er is veel geschreven geworden over de beweegredenen die Amenhotep IV tot zijn religieuze omwenteling aangezet hebben. Het psychologische motief van zijn non-conformisme en het conflict met de priesterschap van Amon dat hem tot het uiterste dreef kunnen natuurlijk een rol gespeeld hebben maar bieden vermoedelijk geen afdoende verklaring. Men heeft ook aan vreemde invloed gedacht, voornamelijk vanwege de Mitanniprinsessen die deel uitmaakten van de koninklijke harem. Amenhotep III had als bijvrouwen Giluhepa en Taduhepa, en van deze laatste wordt verondersteld dat zij, na de dood van zijn vader, de haremvrouw van Echnaton werd. Hoewel de Mitanni Arische goden vereerden, hadden zij ook Hoerritische godheden in hun pantheon opgenomen en onder deze is verre de voornaamste de zonnegodin Chebat, wier naam het tweede bestanddeel vormt (-*hepa*) van de boven vermelde namen. Zij had tot zoon een zonnegod. Het is mogelijk dat dergelijke invloeden ertoe bijgedragen hebben om van Amenhotep IV een vurig aanhanger van de zonnecultus te maken. Doch de belangrijkste kenmerken van de omwenteling, monotheïsme en anikonisme, zijn bij de Mitanni en de Hoerrieten onbekend, terwijl anderzijds de mythen bij hen in ere gehouden worden.

Toen Echnaton ca. 1354 stierf brak een geweldige reactie los. De jonge Toetanchaton („levend beeld van Aton") en zijn echtgenote Anchesenpaäton („moge zij leven voor de Aton") werden verplicht naar Thebe terug te keren en hun naam resp. in die van Toetanchamon en Anchesenamon te veranderen. De eredienst van Amon en van alle andere goden werd hersteld en alles keerde tot de vroegere toestand terug. In de aanhef van het z.g. Restauratie-decreet dat Toetanchamon desbetreffend op een stèle liet beitelen wordt verklaard: „Zijne Majesteit heeft het onrecht uit de Beide Landen verdreven, zodat de orde (Maät) weer [op haar plaats] in stand blijft; hij maakte de leugen, zoals „de eerste keer", tot een afschuw voor het land". Achetaton werd verlaten en aan de vernietiging prijsgegeven. In de herinnering van de volgende geslachten leefde Echnaton nog slechts voort onder de naam van „de misdadiger van Achetaton".

De grote Atonhymne

(Naar de tekst uit het graf van Eje)

Aanbidding van „Rē-Harachte leeft, die juicht in de horizon in zijn naam: Sjoe die Aton is", die leeft in alle eeuwigheid, Aton, de levende, de grote, die het jubileumfeest viert, heer van alles waar de zon (Aton) om heen draait, heer van de hemel, heer van de aarde, heer van de tempel van Aton in Achetaton,

door de koning van Opper- en Beneden-Egypte, die leeft van Maät, de heer der Beide Landen „Rē is schoon van gedaanten; de enige van Rē", de zoon van Rē, die leeft van Maät, de heer der kronen „Echnaton", lang van levensduur,

en door de grote gemalin des konings, zijn beminde, de Vrouwe der Beide Landen „Schoon is de schoonheid van Aton; Nefertiti", die leeft, gezond en jong is in alle eeuwigheid.

Hij zegt: Gij verschijnt prachtig in de horizon des hemels, o levende Aton, die het leven begon. Wanneer gij stralend zijt opgegaan in de oostelijke horizon vervult gij elk land met uw schoonheid. Gij zijt schoon, groot, schitterend en hoog boven ieder land en uw stralen omvatten de landen tot aan de grenzen van alles wat gij gemaakt hebt. Wijl gij de zon zijt, bereikt gij hun uiterste zone en gij onderwerpt ze aan uw beminde zoon.

Hoewel gij ver zijt, zijn uw stralen op de aarde. Gij zijt in hun aangezicht; toch kennen zij uw gangen niet. Gaat gij onder in de westelijke horizon, dan ligt de aarde in duisternis als ware zij dood. De slapers bevinden zich in hun kamer met omhulde hoofden; het ene oog ziet het andere niet. Wanneer al hun bezittingen gestolen worden — zelfs al liggen zij onder hun hoofd, zij bemerken het niet. Elke leeuw komt uit zijn hol, al het kruipend gedierte bijt. De lichtwoning is donker geworden en de aarde ligt in zwijgen, want hij die hen gemaakt heeft is ondergegaan in zijn horizon.

De aarde wordt helder wanneer gij opgegaan zijt in de horizon, schitterend als Aton bij dag. Dan verdrijft gij de duisternis en zendt uw stralen neer. De beide Landen zijn in feest; de mensen, wakker geworden, staan op hun voeten want gij hebt hen opgericht. Zij wassen zich en trekken hun kleren aan; hun armen zijn in aanbidding geheven voor u, wanneer gij verschijnt. De gehele wereld gaat aan het werk terwijl alle vee zich tegoed doet aan zijn weide. Bomen en planten worden groen. Wanneer de vogels opvliegen uit hun nesten zijn hun vleugels in aanbidding uitgestrekt voor uw ka. Alle dieren huppelen op hun voeten, alles wat opvliegt of neerstrijkt leeft doordat gij voor hen zijt opgegaan. De schepen varen stroomaf en stroomop, alle wegen zijn open wanneer gij verschenen zijt. De vissen in de rivier springen op voor uw aangezicht; uw stralen dringen door tot in het binnenste der zee.

O, gij die het mannelijk zaad doet gedijen in de vrouwen en die vocht tot mensen maakt, die het kind doet leven in de schoot zijner moeder, die het sust met wat zijn tranen doet ophouden, voedster in de moederschoot, die lucht schenkt om alles wat hij gemaakt heeft tot leven te brengen. Verlaat het de moederschoot om te ademen op de dag van zijn geboorte, dan opent gij zijn mond geheel en zorgt voor zijn behoeften. De jonge vogel in het ei, die in de schaal reeds spreekt — gij geeft hem lucht daarin om hem in leven te houden. Gij hebt voor hem in het ei zijn vaste tijd gesteld om het te doorbreken en op zijn bepaalde tijd komt het uit het ei om te piepen; hij loopt rond op zijn poten zodra hij eruit gekropen is.

Hoe menigvuldig zijn uw werken en hoe geheimzinnig voor 's mensen aanblik. O, enige god, door geen ander geëvenaard. Gij hebt de wereld geschapen naar uw wil, terwijl gij alleen waart: alle mensen, vee en wild, al wat zich op aarde bevindt, dat zich voortbeweegt op voeten, wat er in de lucht zweeft en vliegt met zijn vleugels, de vreemde landen Syrië en Nubië, en het land Egypte. Gij hebt ieder mens op zijn plaats gesteld, gij hebt in zijn behoeften voorzien zodat ieder zijn voedsel heeft, terwijl zijn levensdagen geteld zijn. De tongen zijn gescheiden door de talen, hun karakter en ook hun huidskleur is verschillend want gij hebt het ene vreemde land van het andere onderscheiden.

Gij hebt een Nijloverstroming gemaakt in de onderwereld en gij doet haar naar believen intreden om de Egyptenaren in leven te houden daar gij hen gemaakt hebt voor u, hun aller heer, die u moeite voor hen geeft, o heer van alle landen, die voor hen opgaat, Aton van de dag, groot aan majesteit. Van alle verre landen in de vreemde maakt gij de leeftocht doordat gij een Nijloverstroming aan de hemel geplaatst hebt opdat zij voor hen neerdaalt en op de bergen een vloed veroorzaakt als een zee om hun akkers te bevloeien met hetgeen hun toekomt. Hoe uitnemend is uw beleid, o heer der eeuwigheid. De overstroming aan de hemel, zij is voor de vreemde volken, voor de dieren van alle vreemde landen die zich voortbewegen op voeten; de overstroming die uit de onderwereld komt, integendeel, is voor Egypte bestemd.

Uw stralen koesteren alle velden; wanneer gij opgaat leven en groeien zij voor u. Gij maakt de seizoenen om alles wat gij gemaakt hebt te doen gedijen: de winter om hun koelte te verschaffen, de hitte opdat zij u zouden voelen. De hemel hebt gij ver gemaakt om daarin op te gaan en alles te zien wat gij gemaakt hebt, gij alleen, stralend in uw gedaante als levende Aton, glanzend, schitterend, ver en toch dichtbij. Hoewel gij één zijt neemt gij ontelbare gestalten aan: steden, dorpen, akkers, weg en rivier. Alle ogen schouwen u recht voor zich zolang gij als Aton van de dag boven de aarde zijt. Zijt gij heengegaan, dan zal geen oog (van hen) wier gezicht gij geschapen hebt opdat gij niet langer (alleen) u zelf zoudt zien nog iets [aanschouwen] van wat gij gemaakt hebt; maar ook dan zijt gij in mijn hart.

Er is geen andere die u kent, behalve uw zoon ,,Rē is schoon van gedaanten; de enige van Rē.'' Gij hebt hem inzicht in uw plannen en in uw macht geschonken. De wereld is ontstaan op uw hand, want gij hebt hen gemaakt; wanneer gij opgaat leven zij, wanneer gij ondergaat sterven zij. Gij zelf zijt de levensduur, men leeft van u. De ogen zijn op uw schoonheid gericht tot gij ondergaat. Alle werk wordt neergelegd wanneer gij ondergaat in het Westen. Gaat gij weer op, dan sterkt [gij mijn armen] voor de koning en ik rep mij uit alle macht, want gij hebt de aarde gegrondvest en gij richt hen telkens weer op voor uw zoon die uit uw lichaam is voortgekomen, de koning van Boven- en Beneden-Egypte, die van Maät leeft, de heer der Beide Landen ,,Rē is schoon van gedaante; de enige van Rē'', de zoon van Rē die van Maät leeft, de heer der kronen ,,Echnaton'', lang van levensduur, en voor de grote gemalin des konings, zijn beminde, de Vrouwe der Beide Landen ,,Schoon is de schoonheid van Aton; Nefertiti'', die leeft en jong is in alle eeuwigheid.

VI. ETHIEK, VROOMHEID EN MAGIE

Ethiek

De historische godsdiensten openbaren niet alleen geloofswaarheden. Zij geven aan hun volgelingen ook voorschriften betreffende hun doen en laten. De Tien Geboden, volgens het boek Exodus door God zelf aan de Hebreeën overhandigd, zijn evenzeer bindend voor de Christenen en de essentiële inhoud van de decaloog wordt nagenoeg helemaal in de Koran, over de 114 soera's verspreid, aangetroffen. Voor een natuurgodsdienst, gelijk de Egyptische, rijst niet alleen de vraag of hier het begrip van goed en kwaad bestaat, maar vooral op welke normen dit onderscheid berust en hoe de aanhangers der religie hiervan de nodige kennis verwerven.

De oplossing van deze problemen wordt ons bezorgd door de Egyptische wijsheidsliteratuur, een reeks teksten die zich meestal aanbieden als een „onderwijzing" of een „leer" (Eg. *sebâit*; Koptisch *sbô*) waarin een vader aan zijn zoon uiteenzet wat een goed leven is en hoe men het leiden moet. De eerste van deze werken (de Leer van Kaïres voor Kagemni en de Leer van Ptahhotep), bewaard in de Papyrus Prisse, dateren uit het 3e millennium v.C. en worden de oudste boeken ter wereld genoemd; sommige ervan werden na meer dan duizend jaar nog gecopieerd. Doch in de verschillende perioden van de Egyptische geschiedenis worden ook nieuwe „onderwijzingen" geschreven, de laatste die ons bewaard is (de demotische Papyrus Insinger) werd nog in de Perzische of de Ptolemaeïsche tijd (6e of 4e eeuw v.C.) opgesteld, maar het bewaarde handschrift dateert uit de Romeinse tijd. Het is niet mogelijk, zoals men het geprobeerd heeft; in deze geschriften een ontwikkelingsgeschiedenis van de ethische gedachten te ontdekken. Dezelfde verheven opvatting loopt als een vaste lijn door alle werken; de voornaamste verschillen zijn door het sociale kader geconditioneerd, aangezien de oudere teksten uit de omgeving van de koning stammen, de latere uit het kleine-beambtenmilieu.

Deze teksten leren ons dat de norm van goed en kwaad ligt in het al of niet in overeenstemming zijn met de wereldorde zoals die op het ogenblik der schepping (de „eerste keer") door de schepper vastgelegd werd. De wijze Ptahhotep zegt: „Maät is heerlijk en haar waarde is duurzaam. Zij is niet verstoord sinds de tijd van haar schepper (variante: sinds de tijd van Osiris), terwijl hij die haar wetten overtreedt gestraft wordt. Maät ligt als een (recht) pad vóór hem die niets weet. Verkeerd handelen heeft nog nooit een onderneming tot een goed einde gebracht. (Het is mogelijk dat) bedrog rijkdom verschaft, (maar) de kracht van Maät is dat zij blijvend is; een mens kan zeggen: het was mijn vaders eigendom". De orde is bijgevolg door de schepper vastgesteld en hij beloont diegene die met haar in harmonie is; hij straft het vergrijp ertegen. Maar god geeft ook Maät aan de koning onder de vorm van het recht en hij stelt hem als bewaker erover aan. In de inleiding van het decreet waardoor koning Horemheb de orde in het land herstelt wordt bevestigd: „Maät is gekomen na zich (met hem) verenigd te hebben". In de tempel van Dendara wordt tot de koning gezegd: „Ik (Hathor) geef u Maät opdat gij van haar leeft, met haar verbroedert en u verheugt". Te Abydus verzekert men betreffende Seti I: „Gij hebt Maät (in Egypte) gevestigd, gij hebt haar met iedereen verenigd". Daarom is er geen verschil tussen de morele en de juridische orde. Wie waarheid spreekt en overeenkomstig het recht handelt „zegt Maät" en „doet Maät" of „doet de zaak van Maät", hetzij voor de god, hetzij voor de vorst.

De kennis van goed en kwaad berust op het verstandelijk inzicht en de ondervinding. Daarin putten de „onderwijzingen" precies hun bestaans-reden: de vader wil zijn zoon onderrichten in het levensideaal en hem voordeel laten halen uit wat hij zelf gedurende zijn leven geleerd heeft. In het eindkapittel van de Leer van Amenemope worden de 30 hoofd-stukken van de onderwijzing aanbevolen met de woorden: „Zij maken de onwetende wijs". Een latere kopie van de P. Prisse bevat de volgende variante in de Leer van Ptahhotep: „Men straft diegene die de wetten (van Maät) overtreedt, maar de onwetende is er zich niet van bewust". Op een stèle uit de necropool van Thebe waarin Neferaboe zijn zonde belijdt noemt hij zich „een onwetend en dwaas man" en hij vervolgt: „Ik kende noch goed noch kwaad. Toen ik een overtreding beging tegen de Piek kastijdde zij mij en ik was in haar hand bij dag en bij nacht". Aan koning Merikarē geeft zijn vader de volgende instructie: „Doe zoals uw vaderen die u voorgegaan zijn... Zie, hun woorden zijn op schrift gesteld. Open en lees en doe hem na die weet. Zo wordt een bekwaam man een kundig man". En, op zijn levenservaring zinspelend, besluit hij zijn leer met de woorden: "Zie, ik heb u gezegd wat u in mij tot voordeel kan strekken. Moget gij handelen overeenkomstig hetgeen vóór uw aangezicht geplaatst wordt".

Soms wordt de ontvankelijkheid voor de leer als een gunst of genade Gods voorgesteld. Aldus zegt Ptahhotep: "Hij die door God bemind wordt hoort, maar hij die door God gehaat wordt hoort niet". De kennis van goed en kwaad kan ook door God zelf geschonken worden. Een zoon van Ramses II wordt in zijn graf beschreven als "iemand die Maät kent en door God onderricht werd". In een gebed dat een zekere Neferhotep (19e dynastie) in zijn graf tot Rē richt, zegt hij: "Gij geeft Maät in mijn hart opdat ik ze naar uw ka doe opstijgen".

Doch niet alleen de onwetendheid is de oorzaak dat de mens verkeerd handelt. Een bedorven aard of karaker levert een even groot gevaar op. De wijsheidsliteratuur onderscheidt twee temperamenten: de hartstochtelijke, de "hete" man of ook de "hebzuchtige" genoemd, en de beheerste, de zogenaamde "zwijgende man". De eerste is praat- en twistziek, inhalig, grillig, aanmatigend. De tweede is geduldig, bescheiden, kalm, maar vooral onder alle omstandigheden meester over zichzelf. De hartstochtelijke man is uiteraard voortdurend in strijd met de orde en hem wacht een ellendig lot. De Leer van Amenemope beschrijft dit op de volgende wijze, in tegenstelling met het geluk van de "koele" man, waarvoor men parallellen gezien heeft in Psalm I en Jeremias 17, 5-8: "Wat de hete man in de tempel betreft, hij is als een boom die in open veld groeit. In een oogwenk verliest hij zijn takken en hij vindt zijn einde op de scheepswerf; (of) hij drijft weg, ver van zijn plaats; de vlam is zijn lijkwade. (Maar) een echte zwijgende, die zich in een hoekje terugtrekt, hij is als een boom die in een tuin groeit. Hij is groen en verdubbelt zijn oogst; hij staat vóór zijn heer, zijn vruchten zijn zoet, zijn schaduw is aangenaam. Hij vindt zijn (natuurlijk) einde in een tuin". De geaardheid van de mens wordt, volgens P. Insinger, door God bepaald: "God geeft het hart, hij geeft het kind en hij geeft het goede karakter"; "Beraad, overleg en geduld liggen in Gods hand".

De goede mens moet de slechtgeaarde vluchten: "Heb geen omgang met de hete man en bezoek hem niet voor een gesprek" (Amenemope). Volgens een ander citaat uit hetzelfde werk schijnt het doel te zijn, te voorkomen dat men eveneens tot geweld meegesleept wordt: "Wacht u voor de indringer en wijk uit voor de aanvaller. Slaap een nacht alvorens te spreken. De hete man in zijn uur is een storm die losbarst als een vlam in stro. Trek u zelf van hem terug; laat hem over aan zijn eigen oogmerken; God zal weten hoe hem te antwoorden". En in dezelfde zin moet als een waarschuwing tegen slechte invloed, niet als een eenvoudige regel voor goed gedrag, geïnterpreteerd worden de raadgeving uit de Leer voor Kagemni: „Als gij zit met een gulzig mens, eet dan slechts wanneer zijn maal voorbij is en als gij zit met een dronkaard, neem dan alleen wanneer zijn begeerte voldaan is". Zelfs met de bloedeigen zoon gebiedt Ptahhotep de banden te verbreken indien waarschuwing en bestraffing niets baten, zodat hij hopeloos bedorven blijkt te zijn: „Zend hem weg: hij is niet uw zoon, hij is u niet geboren. Verwerp hem als een die zij (de goden) afgekeurd hebben. Hij is een die (reeds) in het lichaam (der moeder) vervloekt is. Degene die zij (de goden) leiden dwaalt niet af, (doch) degene die zij zonder schip laten steekt niet over".

De voorgaande beschrijving van de grondslagen der Egyptische ethiek combineert de uiteenzetting van H. Frankfort met die van S. Morenz.[1] Het is treffend te constateren dat soortgelijke opvattingen aangetroffen worden in hedendaagse tribale culturen in Afrika. Het werk over *Bantoe-Filosofie* van Pl. Tempels, dat op scherpe persoonlijke waarnemingen bij de baLuba (Z.O. van toenmalige Kongo) steunt en een groot succes gekend heeft, bevat de volgende uitlatingen in het Hoofdstuk V. *De Ethica der Bantu. A. De normen van goed en kwaad, of de objectieve ethica.* Wij citeren woordelijk om aan het verwijt van het „hineininterpretieren" te ontkomen. P. 72 „Voor de primitieven is het hoogste wijsheid die eenheid in het heelal (waaruit zij niet dwaas weg en a priori de geestelijke wereld bannen) als orde te beschouwen. Heel hun ontologie, die gesystematiseerd kan worden rondom het grondbegrip levenskracht met de daarbij hoorende begrippen levensgroei, levensinvloed en levensrang, stelt de wereld voor als een geordende, innig samenhangende menigvuldigheid van krachten. De Bantu zeggen uitdrukkelijk dat die ordening van den Schepper komt en moet geëerbiedigd worden". En verder: „Maar de wil van God ligt, volgens de Zwarten, uitgedrukt in de wereldorde, in de ordening der krachten, die zij kunnen kennen door hun natuurlijk verstand, door hun filosofisch inzicht in de aard en de

---

[1] H. Frankfort, *Levensopvatting*, p. 70-84; S. Morenz, *La religion égyptienne*, p. 153-183.

onderlinge betrekkingen van de wezens". P. 73 „De objectieve moraal is voor de Zwarten immanent, intrinsiek, ontologisch. De Bantu-moraal kleeft aan den aard der wezens, steunt op de ontologie. De kennis van de natuurnoodzakelijke ordening der krachten maakt een onderdeel uit van de wijsheid der primitieven. — We moeten dus zeggen, dat, voor de Bantu, een bepaalde handeling, een gewoonte eerst en vooral *ontologisch* goed is, daarna en daarom *moreel* goed, en dan, in de derde plaats, om dezelfde reden *rechtelijk* goed... De normen van het kwaad zijn natuurlijk dezelfde als de normen van het goed". P. 74 „De *moraal* (het goed of slecht heeten van menschelijke daden ten opzichte van Gods wil, of ten opzichte van de natuurorde als uitdrukking van Gods wil) en het *menschelijk recht* (het goed of kwaad heten der menschelijke daden ten opzichte van medemenschen, individuen, klan of politieke gemeenschap) steunen op dezelfde principes en maken één geheel uit (Possoz, *Éléments de droit coutumier nègre*, blz. 30)".

Het tweede deel van dit hoofdstuk draagt de titel: *B. De goede of slechte mensch. De subjectieve ethica.* Hier worden onderscheiden: *1. De ontaarde mensch, de levensverdelger.* P. 76 „Er schuilt, volgens de Bantu, in sommige menschen een boosheid waarvoor geen enkele verzachtende omstandigheid te vinden is. Het is de boosheid in den vollen zin des woords, de slechtheid in den hoogsten graad... De Zwarten duiden haar met het woord *buloji* aan; zij beteekent voor den *muntu* zooveel als verrotting van zijn diepste wezen, verrotting die ook zijn omgeving aantast";[2] *2. De uitgelokte of door ophitsing ontstane moedwil.* P. 77 „Opgehitstheid, gramschap, verduistering van het oog of van het kalm oordeel, zijn geen fouten, geen moreel noch juridisch kwaad; die toestanden van het menschelijk gemoed zijn op zich zelf nog geen slechte levensinvloed, al kunnen zij daar wel toe leiden; zij hangen van uiterlijke omstandigheden af: tegenslag, ongeluk, moedwil, en onrecht door anderen aangedaan. — Maar, al is de mensch in zulke toestanden gesteld door omstandigheden die hij zelf niet heeft gezocht, toch is die (on-vrijwillige) gramschap, wanneer zij zich tegen menschen keert, voldoende

[2] *Buloji* is, volgens sommige etnologen, fysiologisch geconditioneerd door de aanwezigheid van een vreemd lichaam in de ingewanden van de mens. Dit schijnt wel niet de oorzaak te zijn van het bedorven temperament bij de Egyptenaren. Merkwaardig lijkt ons niettemin de opvatting, beiderzijds, van een in de grond kwaadwillige aard en het gemeenschappelijke kenmerk van „hartstochtelijkheid" en „opgehitstheid" of „bijblijvende grammoedigheid".

om verderfelijken levensinvloed uit te oefenen". P. 78 „Zoolang een mensch onder den invloed, den greep van de gramschap staat, zoolang het hem zwart voor de oogen blijft, spreekt men niet van schuld of fout. Het gaat hem hier natuurlijk over de voorbijgaande gramschap, niet over de grammoedige natuur van sommige menschen; bijblijvende grammoedigheid behoort veeleer bij moedwilligen verdelgingswil"; *3. De onbewuste slechte levensinvloed.* P. 79 „Ieder die onder de Bantu heeft geleefd, kent gevallen te over van menschen die, van slechten levensinvloed beschuldigd, veroordeeld werden voor ziekte of dood van anderen, zonder zich van eenige schuld, of zelfs maar slechte intentie, bewust te zijn". P. 80 „Vermits nu alle krachten onder elkaar verbonden zijn door levensrang en levensinvloed, is er maar één stap te doen om tot het besluit te komen, dat een kracht die in zich zelf abnormaal is, gemakkelijk, zoo niet noodzakelijk, abnormaal zal inwerken op de krachten die ermee in verband staan. Een wezensstoring staat, gelijk elke kracht, niet op zich zelf, maar kan ook storend op andere krachten inwerken".

Voor dit derde punt is misschien ook een overeenkomst te ontdekken in Egypte (zie beneden). De nadruk die telkens gelegd wordt op de „levensinvloed" doet evenwel de vraag oprijzen of ook in de boven vermelde raadgevingen die de omgang met een hartstochtelijk mens afkeuren niet iets anders steekt dan het gevaar dat wij erin gezien hebben. Van aanstekelijkheid van het slechte voorbeeld is bijvoorbeeld al geen sprake voor een vader vanwege de ontaarde zoon. Ook het feit van samen met iemand te eten of te drinken schept, volgens de primitieve mentaliteit, een zekere band, een zekere gemeenschap. Vandaar de afkeer van de Egyptenaren en de Hebreeën voor gemeenschappelijke maaltijden met sommige categorieën van vreemdelingen.[3] Het wil ons daarom voorkomen dat de vrees voor een verderfelijke „levensinvloed" de Egyptenaren er misschien toe aanzette de omgang met de van nature slechte mens te vermijden.

Er dient opgemerkt te worden dat de werken van de Egyptische wijsheidsliteratuur in de meeste gevallen over „God" spreken. Een paar voorbeelden zijn in de boven gegeven citaten te vinden. Dit gebeurt telkens wanneer gehandeld wordt over de persoonlijke verhouding tussen de godheid en de mens, over het goddelijk ingrijpen in het leven en het gedrag van het individu. Daarnaast echter komen ook de namen

---

[3] Zie hierover J. Vergote, *Joseph en Égypte*, p. 188-189.

voor van verschillende goden van het pantheon; merkwaardigerwijze wordt zelfs in de Leer van Amenemope, die de meest verheven morele ideeën proclameert, het grootste getal godennamen aangetroffen. De verklaring die steeds meer aanhangers telt is de volgende: de auteurs van deze wijsheidsboeken en, met hen, vele vooraanstaande personen van wie wij de autobiografieën bezitten, zijn tot het besef gekomen van het bestaan van één goddelijk Wezen. Het beeld dat zij van deze éne God schilderen is hetzelfde als dat van de volkeren die het strengste monotheïsme huldigen: hij is universeel, almachtig, alwetend, de meester van alle gebeuren, de voorzienigheid der mensen, de rechter en vergelder van hun goede en slechte daden. Deze God manifesteert zich echter in de talrijke goden der tempels; zij zijn verschijningsvormen of hypostasen van hem en hebben allen deel aan de éne goddelijke natuur.[4]

Indien wij nu willen weten hoe de Egyptenaren *in concreto* deze harmonie, in woord en daad, met de orde, Maät, opvatten, hoeven wij slechts de talrijke autobiografieën te raadplegen die de meest bevoorrechten onder hen in hun graf lieten aanbrengen. Een soort beknopte samenvatting daarvan komt voor in het 125e hoofdstuk van het Dodenboek, waarvan de vertaling hier volgt.[5] Terwijl de biografieën ook positief goede daden vermelden, bevat dit kapittel echter alleen de opsomming van slechte daden die men niet begaan heeft. Deze z.g. negatieve confessie ontleent haar karakter aan het feit dat de overledene zich van alle schuld wil vrijspreken tegenover de dodenrechters. Men zal bemerken dat de genoemde handelingen niet alleen op de moraal, doch ook op het recht en op rituele voorschriften betrekking hebben.

1. Ik heb de mensen geen onrecht aangedaan; 2. Ik heb geen hoornvee (variante: geen ondergeschikten) mishandeld; 3. Ik heb geen zonde bedreven in de Plaats der gerechtigheid (d.i. de necropool); 4. Ik heb niet getracht te kennen wat niet is (d.i. wat niet voor stervelingen bestemd is?); 5. Ik heb geen kwaad gedaan; 6. Ik heb als dagelijkse taak niet meer werk geëist dan men voor mij kon doen; 7. Mijn naam heeft de Leider in de Boot niet bereikt (d.i. ik werd niet wegens misbruiken bij de zonnegod aangeklaagd?); 8. Ik heb god niet gelasterd; 9. Ik heb de

[4] J. Vergote, *La notion de Dieu dans les livres de sagesse égyptiens*, in *Les sagesses du Proche-Orient ancien*, (*Travaux du Centre d'Études Supérieures Specialisé d'Histoire des Religions de Strasbourg*), Parijs, 1963, p. 159-190.
[5] Zie Ch. Maystre, *Les déclarations d'innocence (Livre des Morts, chap. 125)*, (*RAPH*, 8), 1937.

geringe man niet armer gemaakt; 10. Ik heb niet gedaan wat god verafschuwt; 11. Ik heb geen dienaar bij zijn superieur belasterd; 12. Ik heb niet (iemand) ziek gemaakt; 13. Ik heb niet doen wenen; 14. Ik heb niet gedood; 15. Ik heb niet bevolen te doden; 16. Ik heb niemand doen lijden; 17. Ik heb de spijzen in de tempel niet verminderd; 18. Ik heb de broden van de goden niet beschadigd; 19. Ik heb de offerkoeken van de doden niet weggenomen; 20. Ik heb geen pederastie bedreven; 21. Ik heb mijzelf niet bezoedeld; 22. Ik heb noch bijgevoegd aan noch afgenomen van de korenmaat; 23. Ik heb de akkermaat niet verminderd; 24. Ik heb geen bedrog gepleegd bij het landmeten; 25. Ik heb niets aan het gewicht van de balans toegevoegd; 26. Ik heb geen bedrog gepleegd met het schietlood van het weegtoestel; 27. Ik heb de melk niet onthouden aan de mond van de zuigelingen; 28. Ik heb het kleinvee niet uit zijn weiden verdreven; 29. Ik heb geen vogel van (de rietvelden?) der goden met het net gevangen; 30. Ik heb in hun vijvers geen vissen gevangen; 31. Ik heb het water in zijn seizoen niet tegengehouden; 32. Ik heb het stromende water niet afgedamd; 33. Ik heb het vuur (dat) op de gepaste tijd (brandde) niet uitgedoofd; 34. Ik heb de vastgestelde dagen niet verwaarloosd met betrekking tot de vleesoffers; 35. Ik heb de kudden niet afgehouden van het eigendom van de god; 36. Ik heb de god niet doen stilstaan tijdens zijn processie.

Vroomheid

De eerste teksten die ons inlichten over de persoonlijke vroomheid van de Egyptenaren stammen uit het Nieuwe Rijk, inzonderheid van de regering van Thoetmosis IV af (ca. 1425-1408), en zij worden onder de Ramessiden steeds talrijker. Sprekende voorbeelden worden geboden in de Papyrus Chester Beatty IV en in de bekende stèle die de kunstenaar Nebrē in de Thebaanse necropool, te Deir el-Medina, oprichtte ter vervulling van een gelofte die hij aan Amon gedaan had toen zijn zoon gevaarlijk ziek was. De eerste tekst bevat hymnen met een sterk monotheïstisch karakter, tot een godheid gericht die hier en daar Amon genoemd wordt of een der vele namen van de zonnegod draagt. Een fragment uit dit geschrift luidt als volgt[6]:

[6] A.H. Gardiner, *Hieratic Papyri in the British Museum*. Third Series (Chester Beatty

... Krachtig zijt gij als herder, die hen eeuwig weidt.
De lichamen zijn vol van uw schoonheid, de ogen zien door u;
de vrees voor u rust op iedereen; hun harten zijn tot u gewend.
Gij zijt altijd goed, de mensheid leeft door u te aanschouwen.
Iedereen zegt: u behoren (wij), sterken en zwakken in één groep, rijken
zowel als armen uit één mond, en alle dingen eveneens. Uw liefelijkheid is
in hun aller hart, geen lichaam is leeg van uw schoonheid.
Weduwen zeggen: ,,onze man zijt gij'', de kleinen zeggen: ,,onze vader en
onze moeder''. De rijken roemen uw schoonheid en de armen (loven) uw
aangezicht. De gevangene wendt zich tot u en de zieke roept tot u.
... Men drinkt volgens zijn bevel en men eet naar zijn goeddunken. Harten
en lichamen zijn in (zijn) vuist, er is geen blijdschap zonder hem. Hem
hoort de vreugde, en jubel des harten is het deel van zijn gunsteling.
... Weidt gij niet de ganse dag de mensheid, totdat gij in leven ter ruste
gaat? Wij zullen u lofzingen in het westen, nadat gij ons aan de nacht hebt
toevertrouwd, opdat gij tot ons terugkeert in leven, vastheid en kracht en
onze gebeden hoort.
... Hoe schoon is uw opgang in de horizon. Wij herhalen het leven. Wij zijn
Noen binnengetreden en hij heeft (ons) vernieuwd als toen wij voor 't eerst
jong waren. De één is uitgetrokken (als een kleed), de ander is aangedaan.
Wij prijzen de schoonheid van uw gelaat.

Op de stèle no. 20377 uit het Berlijns Museum lezen wij[7]:

... Gij zijt Amon, de heer van de zwijgende man,
die antwoordt op de roepstem van de ongelukkige.
Ik bid tot u wanneer ik in nood ben
en gij komt om mij te redden.
Gij geeft adem aan wie zwak is
en gij bevrijdt wie in gevangenschap is.
Gij zijt Amon-Rē, de heer van Thebe,
en gij redt zelfs wie in de onderwereld is
in zoverre gij [...], als men tot u roept
en gij snelt van ver ter hulp.
... Hij (d.i. Nebrē) heeft u gesmeekt,
in het aanschijn van het hele land
ten gunste van de schilder Nechtamon, de gerechtigde,
die in doodsgevaar was,
die in Amon's macht was,

Gift), I. Text; II. Plates, Londen, 1935. Onze vertaling is ontleend aan A. de Buck, in
JEOL, I (1933-1937), p. 70 v.

[7] A. Erman, *Denksteine aus der thebanischen Gräberwelt*, in *Sitz-Ber. d. preuss. Akad. d.
Wiss.*, Phil.-hist. Kl., 49 (1911), p. 1086-1110. Recente vertaling in J.B. Pritchard, *ANET*,
p. 380. v.

omwille van zijn koe.
En zie, de vorst der goden
is gekomen als de noordenwind,
vóór hem een zachte bries,
hij redde de schilder van Amon, Nechtamon.
... Is de dienaar tot de zonde aangetrokken,
de heer is tot barmhartigheid geneigd.
De heer van Thebe is geen dag lang toornig;
zijn gramschap eindigt in een ogenblik
en er blijft geen spoor van over...

Zoals Nebrē plaatsen talloze Egyptenaren hun stèle in de tempels, bijzonder in de kleinere heiligdommen, om een gunst te verkrijgen of als bewijs dat hun bede verhoord werd. Gaarne lieten zij zich daarop offerend of biddend, met opgeheven handen, vóór de god voorstellen. (Afb. 43). Dikwijls ook bestaan deze wijgeschenken eenvoudig uit een kleine stèle waarop een of meer oren zijn afgebeeld, met een korte formule, bijv. „Aan Ptah, die de gebeden verhoort. Gedaan door Amenmes"; „Verering aan Ptah en Sechmet ... opdat zij leven, gezondheid en kracht verlenen aan de huisvrouw Tanetan", of „Aan Hathor, de meesteres van de sycomore. Gedaan door de voedster van de koningszoon, de huisvrouw Taneni".[8]

De talrijke, veelal uit brons vervaardigde, godenbeeldjes die bij de opgravingen ontdekt werden dienen eveneens als wijgeschenk of zijn van huiskapellen afkomstig. Sommige dragen op het voetstuk de aanroeping: „God N., geef leven, gezondheid, geluk, een vreedzame hoge leeftijd aan N., zoon van N.".[9] Uit deze beelden blijkt dat onder het Nieuwe Rijk en in latere tijd de voorliefde van de Egyptenaren naar allerhande mindere goden ging, die hun in het dagelijks leven nuttig konden zijn: de god Hapi en de godin Sechet, die voor een overvloedige overstroming en voor de vruchtbaarheid van de akker zorgden; Nepri en Renenoetet, god en godin van het graan en van de oogst; Meschenet en de zeven Hathoren, helpsters van de kraamvrouwen; Taït, godin van de weefkunst. De volksgunst ging echter nog in de eerste plaats naar de beschermende genieën van het huis, de dwerg Bes en de nijlpaardgodin

---

[8] Zie W.M.Fl. Petrie, *Memphis*, I, (*Eg. Research Account and Brit. School of Archaeol. in Eg.*, 15), Londen, 1909, pl. x, pl. xi en pl. xxviii, 22.

[9] G. Daressy, *Statues de divinités*, (*Cat. gén. Mus. Caire*), 2 dln., 1905-1906; G. Roeder, *Aegyptische Bronzewerke*, (*Pelizaeus-Museum zu Hildesheim*, Wiss. Veröff., 3), Glückstadt etc., 1937.

Afb. 43. Stèle van Nebrē, Staatliche Museen, O. Berlijn. (Naar: A. Erman,
Denksteine, pl. 16).

Thoëris. Ook vreemde goden hadden in dit pantheon plaats gevonden: Resjef en Kadesj, Baal, Anat en Astarte. (Afb. 44). Zij zijn krijgsgoden, van wie de mannelijke wezens met Seth geïdentificeerd werden.

Afb. 44. De vreemde krijgsgod Resjef, stèle te Hildesheim. (Naar: O. Keel, *Altorient. Bildsymbolik*, p. 119).

Het sprekendste getuigenis van de vroomheid der Egyptenaren ligt wellicht in de grote menigte theofore namen die zij aan hun kinderen gaven. Deze namen tonen welke goden in de verschillende perioden de meeste verering genoten en zij leggen getuigenis af van de steeds inniger wordende persoonlijke verhouding tussen mens en god.[10]

Andere uitingen van godsvrucht zijn de bedevaarten en het raadplegen van de orakels. Betreffende de eerste bestaan er in hoofdzaak alleen

[10] H. Ranke, *Les noms propres égyptiens*, in *Chron. d'Ég.*, XI (1936), p. 293-323; Id., *Die ägyptischen Personennamen*, 3 dln., Glückstadt etc., 1935-1977.

toespelingen, waarvan de interpretatie niet altijd zeker is. Als een soort bedevaart wordt beschouwd de vaart van de dode van uit de predynastische hoofdstad Boeto naar Saïs, en vermoedelijk ook naar Heliopolis, voordat hij in de necropool van Boeto bijgezet werd. Nadat, in de 11e dynastie, Abydus een belangrijk centrum van de Osiriscultus geworden was, werd de vaart naar Abydus daaraan toegevoegd. In verschillende graven uit het Nieuwe Rijk wordt de reis van de dode naar Saïs, Heliopolis, Mendes, Boeto en Abydus, maar voornamelijk naar de laatste twee steden, afgebeeld en gaandeweg krijgt de reis naar Abydus de bovenhand. Deze voorstellingen hebben dan waarschijnlijk alleen een magisch karakter. Een echte bedevaart was integendeel de tocht die vele Egyptenaren tijdens hun leven naar Abydus ondernamen. Op deze plaats, waar het hoofd van Osiris geacht werd te berusten, richtten zij stèles op waarin zij de wens uitspraken na de dood eeuwig bij de god te mogen verwijlen. De rijksten onder hen lieten zelfs een cenotaaf aanleggen. De meeste pelgrimstochten hadden evenwel plaats naar de grote heiligdommen ter gelegenheid van de jaarlijkse panegyrieën; deze gingen met allerlei volksvermaken gepaard.

De bloei die het orakelwezen, inzonderheid sinds het Nieuwe Rijk, gekend heeft, toont dat de Egyptenaren zich ten zeerste afhankelijk voelden van de goddelijke wil.[11] Over de meest verscheiden aangelegenheden werd het oordeel van de god ingewonnen: Zal men Setôchi tot profeet benoemen? Moet ik op reis gaan? Is dit kalf goed genoeg opdat ik het zou aanvaarden? Mijn goede heer, zal men ons het graanrantsoen uitdelen? Zal men mij bij de vizier vermelden (= aanbevelen)? Betreffende rechtszaken: Ben ik schuldig? Moet aan ambtenaar N. iets te laste gelegd worden? Mijn goede heer, is een van mijn geiten bij Ptahmose? De koning raadpleegde het orakel vóór een veldtocht, vóór een expeditie naar de vreemde, aangaande de uitvoering van bouwwerken en de problemen van binnenlandse politiek. Het orakel kon ook beslissen in de benoeming van ambtenaren, van een hogepriester en zelfs in de troonopvolging. Dit geschiedde inzonderheid in de theocratische staat der Priester-Koningen (21e dynastie, 1085-945 v.C.).

---

[11] De voornaamste gegevens over het orakelwezen in de faraonische tijd werden verzameld door J. Černý, apud R.A. Parker, *A Saite Oracle Papyrus from Thebes in the Brooklyn Museum*, (Brown Egypt. Stud., 4), Providence, 1962, p. 35-48. Vgl. G. Roeder, *Kulte, Orakel und Naturverehrung im alten Ägypten*, p. 191-272.

De meest gebruikelijke methode bestond erin de god te raadplegen ter gelegenheid van een processie. Terwijl halt gehouden werd richtte een persoon, temidden van de algemene stilte, zijn vraag tot het godsbeeld. Dit drukte op zulke wijze op de dragers van de processieboot dat zij ofwel een stap vooruit deden ofwel achteruitgingen. In het eerste geval was het antwoord bevestigend, in het tweede geval negatief. Het gebeurde ook dat op een halteplaats de vraag in positieve en in negatieve vorm op twee ostraca, kalksteenscherven of papyrusstroken, aan de god voorgelegd werd. Een priester gaf een van beide terug, wij weten niet op grond van welke aanduidingen van de god. Dezelfde methode werd in sommige tempels toegepast. Of er werd één schriftelijke vraag aangeboden en de priester gaf een ostracon terug waarop ,,ja'' of ,,neen'' stond. Er bestaan ook holle godenbeelden, van een spreekbuis voorzien, langs waar blijkbaar een priester, achter het beeld verscholen, mondeling antwoord gaf. Bekende orakelplaatsen waren die van Bes te Abydus, van Isis te Koptos, maar voornamelijk die van Amon te Thebe en in de Siwa-oase. Daarenboven konden ook heilige dieren het antwoord van de god op een orakelvraag geven: dit geschiedde door bemiddeling van de Apis-stier te Memphis en van de Bouchis-stier te Medamoed.

De oniromancie of droomuitlegging was voor de Egyptenaar een ander middel om de toekomst te kennen of om vingerwijzingen voor zijn doen en laten te verkrijgen. Het geloof in de betekenis van dromen vloeit voort uit de overtuiging dat de slaap ons in reële aanraking brengt met de andere wereld, waar de afgestorvenen en de goden verwijlen.[12] Dat de dromen een gave van god zijn wordt bevestigd door de Leer voor Merikarē: ,,Hij (d.i. god) heeft voor hen (de mensen) de magie geschapen als een wapen om de (nadelige) gebeurtenissen af te wenden evenals ook de dromen bij nacht en bij dag''. En vele eeuwen later bevestigt dit de Papyrus Insinger: ,,Hij (d.i. god) heeft de geneesmiddelen geschapen om de ziekte te doen ophouden, de wijn om de zorgen te verbannen; hij heeft de droom geschapen om aan degene die ermee begunstigd wordt, wanneer hij blind is, de weg te tonen''. Dromen kan men door magische middelen verwekken. Sommige toverpapyri bevatten inderdaad voorschriften die tot doel hebben in een droom de godheid te laten verschijnen, bijv. om op gestelde vragen antwoord te geven. De verklaring

[12] Zie A. de Buck, *De godsdienstige opvatting van den slaap, inzonderheid in het Oude Egypte*, (*MVEOL*, 4), Leiden, 1939, p. 18 en 30.

van de toevallige dromen was voornamelijk het werk van de _heri-heb_ of ritualist (zie hoger). Deze leden van de lagere clerus, verenigd in het Levenshuis, zijn waarschijnlijk de auteurs van de „droomboeken" waarvan een exemplaar bewaard is in de Papyrus Chester Beatty III.[13] Hierin wordt een interpretatie gegeven van verschillende dromen en het merkwaardige is dat deze een verschillende betekenis hebben voor de rechtgeaarde mensen, de z.g. volgelingen van Horus, en voor de slechtgeaarden, de volgelingen van Seth.

Een veel verspreid gebruik, tenminste in het Late Tijdperk, was de z.g. tempelslaap. Zieke mensen of kinderloze vrouwen gingen de nacht doorbrengen in een tempel of in een bijgebouw ervan, hopend in een droom van de god aanwijzingen te ontvangen over de toe te passen therapie. De oudste getuigenissen hierover hebben betrekking op de speos of het rotsheiligdom van Meresger te Deir el-Medina en dateren uit het einde van het Nieuwe Rijk.[14] Deze _incubatio_ bleef later in de christelijke kerken voortbestaan.

Magie

De magie van de Egyptenaren wortelt volop in de mythevormende denkwijze. Voor deze laatste bestaat er, zoals boven in de Inleiding werd gezegd, geen grens tussen voorstelling en realiteit, tussen wens en vervulling, tussen woord en ding, beeld en zaak. Wij kunnen het woord „voorstelling" in een brede betekenis nemen en hieronder verstaan het geval van een tovenaar die in de bezwering of incantatie aan een mythisch gebeuren herinnert waardoor bijvoorbeeld een bepaalde god een demon of een boze macht bedwongen heeft. Dit volstaat opdat hetzelfde dadelijk in de realiteit zou plaats grijpen. De rol van het „mythisch precedent" is daarom buitengewoon belangrijk in de magie. Ook alles wat men in de toverspreuk wenst of gebiedt wordt geacht, krachtens de macht van het woord, in vervulling te gaan. De identiteit

---

[13] Uitgegeven door A.H. Gardiner, _Hieratic Papyri in the British Museum._ Third Series (Chester Beatty Gift). Gedeeltelijke vertaling door A. de Buck in _JEOL,_ I (1933-1937), p. 70. Voor de latere tijd, zie A. Volten, _Demotische Traumdeutung,_ (_Analecta aeg._, 3), Kopenhagen, 1942.

[14] Zie F. Daumas, _Le sanatorium de Dendara,_ in _BIFAO,_ 56 (1957), p. 35-57 (+ 14 platen); A. Bataille, _Aménôthès, fils de Hapou, à Deir-el-Bahari,_ in _Bull. Soc. franç. d'Égyptologie,_ 3 (1950), p. 6-14.

tussen woord en ding brengt met zich mee dat het eenvoudig uitspreken van een woord in zekere mate de aanwezigheid van het betreffende ding bewerkt. Vandaar de linguïstische taboe's, zoals bijv. *Bruin* voor „de beer" of de vele eufemismen voor „dood" en „sterven". Vergelijk de spreuk „als men van de duivel spreekt trapt men op zijn staart". Op deze identiteit berust o.a. de magische betekenis van de naam.[15] Vele toverformules bevatten de bevestiging, tot een hoger wezen gericht, „ik ken uw naam". Wie immers de „ware naam" van iemand kent heeft macht over hem. Hij kan zich ook aan hem substitueren en dit verklaart het veelvuldig gebruik van de „identificatieformule" waarin de tovenaar beweert „ik ben god N.". Gelijk het woord, stelt ook het beeld een zaak aanwezig, met alle gevolgen hieraan verbonden. In de Piramideteksten worden sommige dieren die deel uitmaken van het hiërogliefenschrift met afgesneden kop afgebeeld opdat zij de afgestorvene geen kwaad zouden berokkenen of opdat zij zich niet aan de offerspijzen zouden te goed doen. Een van de meest verspreide toverpraktijken is het *envoûtement*: het bestaat erin een beeldje van een persoon te vervaardigen en het

Afb. 45. Kleifiguur met vervloekingstekst te Brussel. (Naar: Id., *ibid.*, p. 245).

[15] W.H. Obbink, *De magische beteekenis van den naam inzonderheid in het oude Egypte*, Amsterdam-Parijs, 1925.

108

allerlei wonden toe te brengen met het doel de vijand in werkelijkheid dit lot te doen ondergaan.

Van de buitengewone rol die de magie in Egypte speelde kunnen hier slechts enkele belangrijke voorbeelden gegeven worden. Zij beschermde in de eerste plaats de koning. De uraeus die hij op het voorhoofd draagt *is* de geweldige rechtopstaande cobra die met haar vurige adem de vijand vernietigt. Verschillende *ḥeri-ḥeb's*, leden van het Levenshuis, zijn aan het paleis verbonden en waken over de koning. 's Morgens zijn zij aanwezig bij zijn toilet, dat een ritueel en magisch karakter heeft, zij houden toezicht over zijn dis en zijn slaapkamer.

Voor de veiligheid van de staat werd beroep gedaan op het *envoûtement*. Enkele musea bezitten scherven van vaatwerk en ruwe beeldjes van krijgsgevangenen waarop met inkt vervloekingsformules tegen buitenlandse vijanden, Egyptenaren en allerlei „slechte dingen" geschreven staan (execratieteksten). (Afb. 45). Zij dateren uit het einde van de 12e of het begin van de 13e dynastie en werden, de eerste te Thebe, de tweede te Saqqara gevonden. De potten en beeldjes werden verbrijzeld, doorboord, vertrappeld, verbrand of begraven met het doel de vijanden die er op vermeld zijn onschadelijk te maken.

De magie was nauw met de godsdienst vervlochten. De idee die aan de grondslag ligt van Frazer's *The Golden Bough* was die van een algemene evolutie van het magisch denken naar het religieuze en vandaar, tenslotte, naar het wetenschappelijk denken. Indien dit standpunt al niet sinds lang was verworpen, dan zouden de Egyptische gegevens op zichzelf volstaan om het te weerleggen. Wel kan men de religie, als zijnde de onderwerping aan hogere machten, en de magie, opgevat als een poging om deze machten te beheersen, theoretisch gelijk twee polen tegenover elkaar stellen. In feite echter wordt een voortdurende vermenging van beide gezichtspunten aangetroffen.[16] Als een treffend voorbeeld mag gelden het boven besproken ritueel van de dagelijkse eredienst: het is, zoals de incantaties, in spreuken ingedeeld; toon en stijl herinneren veel meer aan bezweringen dan aan gebeden. Af en toe dienen in de cultus toverritualen om de gevaren te weren die de goden bedreigen. Echt magisch is ook het ritueel van de mondopening (zie hoger), dat herhaaldelijk in de dagelijkse eredienst aangewend wordt.

[16] Zie hierover H. Bonnet, s.v. *Magie*, in Id., *Reallexikon der ägyptischen Religionsgeschichte*, p. 435-439.

Afb. 46. Horus op de krokodillen, detail van de Metternichstèle te New York.
(Naar: A. Moret, *Horus sauveur*, in *Revue de l'histoire des religions*, LXXII, 3
(1915), pl. I).

De enkelingen deden beroep op de magie in alle omstandigheden van
het leven, bijvoorbeeld om geluk te hebben op de jacht, om de liefde van
een vrouw, resp. van een man, te winnen of om mededingers onschadelijk te maken, om ziekten te voorkomen of genezing te bewerken. De
geneeskunde verbond overigens rationele ziektebehandelingen die op
waarneming en ervaring steunden met allerhande bezweringen en het
gebruik van magische geneesmiddelen. Als iets typisch dient hier het
bestaan van de Horusstèles vermeld. (Afb. 46). Zij zijn van magische
inscripties voorzien en stellen de Horusknaap voor, die staande op twee
krokodillen, slangen en schorpioenen in de hand houdt. Zij beschermen
tegen de beet van laatstgenoemde dieren wanneer men het water drinkt
dat over de stèle uitgegoten wordt of er zich mee besprenkelt. Als een
voortdurende magische bescherming tegen gevaren van alle aard werden
amuletten gedragen. In het Late Tijdperk treffen wij amuletten aan die
een behoedmiddel zijn tegen het boze oog. Indien hierover in Egypte
dezelfde opvattingen heersten als bij vele andere volken, gaat het hier

om de schadelijke invloed die sommige personen, soms zelfs ongewild of onbewust, op de levenskracht van hun medemensen uitoefenden (vgl. boven).[17]

Alles wat betrekking had op de dood en het hiernamaals behoorde bij uitstek tot het domein van de magie. De Piramideteksten, de Sarkofaagteksten en het Dodenboek bestaan grotendeels uit toverspreuken die de afgestorvene tegen de vele gevaren moeten behoeden die hem in de onderwereld bedreigen; zij moeten o.a. verhinderen dat hij honger of dorst lijdt en hem een gelukkig voortbestaan verzekeren. Het z.g. „menu", d.i. de afbeelding, in het graf, van verschillende spijzen en dranken moest hem op magische wijze het levensonderhoud verschaffen wanneer de dodenoffers zouden uitblijven en de voorbijgangers worden door een inscriptie aangemaand tot het uitspreken van de *hetep di nisoet*-formule (d.w.z. „een offer dat de koning moge geven"), die dezelfde uitwerking heeft. Bovendien werden in het graf oesjebti's, dit zijn figuurtjes van dienaren, neergelegd die in de plaats van de overledene moesten „antwoorden" wanneer hij in het dodenrijk opgeroepen werd om herendiensten te verrichten (Dodenboek, kap. 6).

De god Heka was de verpersoonlijking van de magie. Naast hem was Isis de grote tovenares.

[17] Voor bibliografie over de kwade blik, sinds de Saïtische tijd (26e dynastie, 664-525 v. C.) in Egypte uitdrukkelijk vermeld, zie J. Sainte Fare Garnot, *Défis au sort*, in *BIFAO*, 59 (1960), p. 1-28, inz. Appendice IV. *A propos du mauvais oeil*. Dat de opvatting over de kwade blik in de Oudheid dezelfde was als in het moderne Egypte blijkt hieruit dat de auteur herhaalde malen bevestigt „L'envie est l'élément actif du mauvais oeil" en dat anderdeels het Koptische woord *yerbo'ne*, letterlijk „het kwade oog", de „jaloersheid" betekent. Garnot onderscheidt ook: „Le mauvais oeil transmis volontairement" en „transmis involontairement".

VII. HET LEVEN NA DE DOOD

Van uit de prehistorische tijd, waarschijnlijk vanaf het vijfde millennium v.C., zijn er graven bewaard in Egypte. De doden liggen in hurkhouding en zijn omringd van vaatwerk, dat oorspronkelijk spijzen en drank bevatte. De graven van koningen en edelen uit de eerste twee dynastieën zijn een kopie van het paleis of het huis dat zij tijdens hun leven bewoonden; aan sommige zijn een of twee schijndeuren aangebracht. In de grafkamer staan, behalve de schalen uit albast of aardewerk met voedselvoorraad, kisten en dozen met kleren, juwelen, spelen, alsook allerhande meubelen. De overige kamers bevatten nog ander meubilair, werktuigen en wapens en bijna overal is er een kamer gereserveerd voor het opslaan van voedsel. Aan de noordzijde staat een langwerpig bouwsel uit tichelsteen dat een houten schip bevat. Onder de eerste dynastie wordt het lichaam in dikke lagen linnen gewikkeld, die blijkbaar bestemd zijn om het natuurlijke bederf tegen te gaan en tevens om de gelijkenis met de levende zoveel mogelijk te bewaren. In de graven van de tweede dynastie worden de eerste sporen van een werkelijke mummificatie aangetroffen. De linnen zwachtels zijn in een gomachtige stof gedrenkt en zodanig aangebracht dat het gezicht, de romp en de ledematen de levende vorm behouden nadat het lichaam vergaan is.[1]

Dit alles bewijst dat de Egyptenaren van de oudste tijden af geloofden in het voortbestaan van de mens na de dood en dat zij hierover dezelfde denkbeelden hadden als de eigenaars van de piramiden en mastaba's uit het Oude Rijk, denkbeelden welke de teksten, in deze monumenten bewaard, nader toelichten. Uit de pogingen die aangewend werden om de vorm van het lichaam te bewaren en uit de mummificatie kan afgeleid worden dat dit voortbestaan behoefte had aan een stoffelijke grondslag, dat de mens zijn lichaam nodig had voor de eeuwigheid, alsof het de

---

[1] Zie W.B. Emery, *Archaic Egypt*, (*Penguin Books*), Harmondsworth, 1961. Ned. vertaling: *Het oudste Egypte*, (*Aula*), Utrecht-Antwerpen, 1963.

concrete basis van zijn persoonlijkheid was. Zodra de beeldhouwkunst zich voldoende ontwikkeld had, kon deze grondslag ook gevormd worden door een beeld dat door een inscriptie met de persoon van de dode geïdentificeerd werd. Dit beeld kon in de plaats treden van het lichaam wanneer dit door ontbinding of door geweld beschadigd werd. Door de begrafenisriten werd de levenskracht die het lichaam verlaten had er opnieuw mee verenigd. Daarom wordt van de dode gezegd dat hij „naar zijn ka gaat" of „met zijn ka gaat". De vitaliteit of ka van de grafeigenaar voedt zich aan de ka van de offerspijzen en dranken. Deze worden hem gebracht op de offertafel van de mastaba, vóór de „schijndeur", d.i. de grote stenen plaat met een nauwe gleuf in het midden die de verbinding vormt tussen de grafkapel en de ondergrondse kamer met de sarkofaag, waar het lichaam rust. (Afb. 47). De gehele uitrusting van het graf, met de reliëfs en schilderingen van het dagelijkse leven en de voorraad aan levensbenodigdheden, toont dat de dode aan het graf gebonden is en in het graf leeft.

Anderzijds bevestigen de Piramideteksten dat de dode koning naar de hemel opvliegt, of langs een ladder opklimt of erheen springt als een sprinkhaan. Daar wordt hij een *ach*, een verheerlijkte geest, die als een der onvergankelijke sterren rond de pool van de hemel cirkelt. Of hij neemt plaats in de boot van Rē en voltrekt met hem de dagelijkse reis van de zon. Aan de hemel bevindt zich ook het „Rietveld" of „Biezenveld", een eiland waarheen hij moet oversteken of zich door een veerman laten overzetten om zich te louteren vooraleer hij de zonneboot bereikt. (Afb. 48). Hiermee staat vaak in parallel een „Offerveld". Deze voorstellingen berusten schijnbaar op de opvatting dat de koning na zijn dood opgenomen wordt in de kringloop van de natuur en van het heelal.

Onder het Midden Rijk is er meer en meer sprake van een dodenrijk dat als een „onderwereld" gedacht wordt en waarvan Osiris de heerser is. Het wordt, zoals de necropool, het „Westen" genoemd of ook *Dat* en *Doeat*. De funeraire teksten uit het Nieuwe Rijk, voornamelijk het Dodenboek, bieden dan een tamelijk eenvormig beeld van het leven van de enkelingen in het hiernamaals. De mummificatie heeft een hoge graad van volmaaktheid bereikt en komt, naast de edelen, aan een steeds groter aantal burgerlui ten goede. De graven, nu in de rots uitgehouwen (hypogeeën), zijn tot een aantrekkelijke woonplaats voor de dode ingericht. De individualiteit van de dode wordt verpersoonlijkt door de *ba*, dikwijls ook de „levende ba" genoemd. Dit woord betekende in de

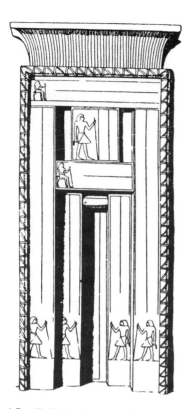

Afb. 47. Schijndeur en offerplaat. (Naar: H. Bonnet, *Reallexikon*, p. 557 en 677).

oudere tijd zoveel als verschijningsvorm of hypostase van een god; deze kan derhalve meerdere ba's hebben en het woord heeft in het meervoud soms de betekenis van „macht" of „roem" van een god of koning. De ba wordt in het hiërogliefenschrift als een jabiroe-ooievaar afgebeeld, doch in de graven wordt deze verschijningsvorm of hypostase van de dode voorgesteld als een soort sperwer met mensenhoofd. De ba heeft zijn verblijf naast de mummie in het graf maar hij kan ook naar de hemel gaan of in de onderwereld doordringen en zijn geluk bestaat er in bij dag het graf te verlaten, onder allerlei gedaanten onder de mensen te verwijlen op de plaatsen die hem dierbaar zijn en „te doen wat de levenden doen". Hieraan herinnert de titel van het Dodenboek, die luidt: „Begin van de spreuken van het te voorschijn komen bij dag". Sommige van de toverspreuken moeten bewerken dat de dode in de Doeat niet

114

Afb. 48. Het Biezenveld, Dodenboek van Taoeherit te Leiden. (Uit: *Kunst voor de eeuwigheid*, afb. 10).

wordt teruggehouden (bijv. *Db* 64; 92); andere dat hij naar believen de gestalte van een gouden valk, een lotusbloem, een feniks, een reiger, een zwaluw, een slang of krokodil of ook van de ene of andere god zou aannemen (*Db* 77-88). Een variante van dezelfde titel luidt: „Het te voorschijn komen bij dag. Het zich terugtrekken bij nacht in uw graf". Iedere nacht immers komt Rē de onderwereld verlichten en aan de doden leven en vreugde schenken.

Een herinnering aan de oudere opvatting bewaren de spreuken om de dode te doen plaats nemen in de zonneboot van Rē (*Db* 100; 102; 129; 130; 134; 136). Ook het „Biezenveld" wordt hier vermeld. Nu echter is het geen plaats van doorgang meer maar een soort eiland der Zaligen. Het wordt als zodanig reeds beschreven in de Sarkofaagteksten (zie *Coffin Texts* II, Spreuk 159, p. 363 v.v.) en daarna in Kap. 109 van het Dodenboek: „Ik ken het Biezenveld van Rē. De muur die het omsluit is van metaal. De hoogte van zijn Beneden-Egyptische gerst is vier ellen; de aar één el en de stengel drie ellen. Zijn koren is zeven ellen hoog; de

115

Afb. 49. Het Dodengericht, Dodenboek van Taoeherit te Leiden. (Uit: *Kunst voor de eeuwigheid*, afb. 12).

aar twee ellen en de stengel vijf ellen. De *achoe* (d.z. de verheerlijkte doden; variante *achtioe*, de horizontbewoners), ieder negen ellen lang, oogsten daar samen met de oostelijke zielen". Het vignet dat in sommige exemplaren van het Dodenboek het Kapittel 110 illustreert vertoont akkerland, doorsneden door rivierarmen, waar de *achoe* zaaien, ploegen en oogsten. De tekst van Hoofdstuk 110 laat de dode zeggen: „Moge ik in het bezit zijn van uw offerveld, moge ik daar een *ach* zijn, moge ik daar eten, moge ik daar drinken, moge ik daar ploegen en oogsten, moge ik daar liefhebben en alle handelingen stellen gelijk op aarde". Overigens liet de dode het werk verrichten door zijn oesjebti's zodat hij in dit paradijs het „heerlijke nietsdoen" (*dolce far niente*) genoot van een oosterse hereboer.

Een belangrijke innovatie tegenover de oudere tijd is het geloof aan het dodengericht in de funeraire teksten van het Nieuwe Rijk. Hoofdstuk 125 van het Dodenboek wordt geïllustreerd door een vignet dat de psychostasie of het „wegen van de ziel" voorstelt. (Afb. 49). De dode staat vóór Osiris en de 42 dodenrechters (hetzelfde getal als de gouwen van Egypte) en zijn hart, zetel van verstand en gevoelen, wordt op de weegschaal gewogen tegen een beeldje van Maät of de veer van Maät. Thot noteert het resultaat van het onderzoek. Bij de weegschaal zit een

116

monster dat de dode, indien hij veroordeeld wordt, zal verslinden. Valt het onderzoek gunstig uit, dan wordt de dode naar Osiris geleid, die, in een paviljoen gezeten, het eindoordeel moet uitspreken. De tekst van het kapittel geeft de „negatieve confessie" weer, eerst in de vorm die wij in Hoofdstuk VI citeerden; daarna ontkent de dode telkens één zonde voor elk der 42 rechters. De vijand van Osiris en Rē, d.i. hij die tijdens zijn leven zonden begaan heeft tegen zijn medemensen of tegen de goden, wordt gestraft met de „tweede dood" d.w.z. de volledige vernietiging door het verdwijnen van de ba, de schaduw (sjoet) en de toverkracht (ḥeka). De verschillende manieren waarop dit geschiedt worden afgebeeld in de „Boeken" die op de wanden van de koningsgraven van de 18e dynastie aangebracht zijn, bijv. in het Boek der Qererets of van de Spelonken; zij worden ook beschreven in de Sarkofaagteksten.[2] De zondaars ondergaan de tweede dood door verbranding in een vuurpoel of zij worden in ketels gekookt; anderen worden naar de slachtplaats geleid en daar onthoofd of in stukken gehakt; anderen weer worden door monsters verslonden. Het is natuurlijk omdat deze laatste straf op de eenvoudigste manier kon gesuggereerd worden dat zij op het vignet van het Dodenboek voorkomt. Afgezien van de straf die de zondaar treft worden het lichaam in het graf en de ba in de onderwereld door velerlei gevaren bedreigd die de toverspreuken van het Dodenboek en van de andere funeraire teksten moeten bezweren. Ondanks de mummificering kan het lichaam bederven en door de wormen opgevreten worden, of een van de lichaamsdelen kan weggenomen worden. De dode kan verplicht worden op zijn kop te lopen, drek te eten en urine te drinken. Op zijn weg naar de gerechtsplaats van Osiris kan de ba door de wachters aan de poorten tegengehouden worden, hij kan gekerkerd of aan een paal vastgebonden worden; zijn toverkracht helpt hem om de plaatsen te vermijden die tot straf dienen voor de zondaars, ook allerlei demonen die hem zouden folteren, de verslindende hellemonsters en gevaarlijke dieren.

Alle werken over de Egyptische godsdienst houden voor dat de instandhouding van het lijk *conditio sine qua non* is van het voortbestaan: worden het lijk of de beelden, de „eeuwigheidslichamen", vernietigd, dan verdwijnt ook de ziel, de ba. Deze opvatting verklaart

---

[2] Uitvoerige gegevens bij J. Zandee, *Death as an Enemy according to Ancient Egyptian Conceptions*, Leiden, 1960.

weliswaar het bestaan van de mummificering maar zij ontneemt alle betekenis aan het dodengericht en de idee van de vergelding in het hiernamaals. Ontelbare mensen die vroom geleefd hebben doch het nodige vermogen niet bezitten om zich te laten mummificeren of behoorlijk te laten begraven zijn onherroepelijk verloren. De koning of de hoveling wiens graf geschonden en wiens lichaam op de oever van de stroom wordt geworpen vervalt zonder enige persoonlijke schuld van de hoogste gelukzaligheid in het diepste ongeluk. Hun lot is precies hetzelfde als dat van de vijanden van Rē en Osiris. Het is treffend te constateren dat onder de talrijke voorbeelden van de „tweede dood" welke J. Zandee aanhaalt[3] geen enkel de vernietiging van de levensnoodzakelijke delen der persoonlijkheid (ba, schaduw, toverkracht) toeschrijft aan het teloorgaan van het lichaam. In het *Gesprek van de Levensmoede met zijn ziel* dreigt de ba alleen het lijk te verlaten indien de man zelfmoord pleegt door zich in het vuur te storten. Er is geen sprake van dat hij zou vernietigd worden.[4] Anderzijds is Dodenboek 89 een spreuk die moet bewerken dat de ba bij de mummie blijft. Geen enkele auteur schijnt de vraag te stellen waar hij dan wil heengaan. Men moge ook in overweging nemen dat de teksten die een twijfel uitdrukken over de doelmatigheid van de osiriaanse begrafenis niet het voortbestaan van de ba maar zijn bewegingsvrijheid loochenen. Zulk een tekst uit de tijd der Ramessiden, in het graf van Nefersecheroe te Zawjet el-Meitîn (Kôm el-Ahmar) bewaard, luidt als volgt:

„Hoe droevig is toch het afdalen in het land der stilte!
De waker slaapt en die 's nachts niet slapen kon, hij ligt alle dagen onbeweeglijk. De murmureerders zeggen: het huis der bewoners van het westland is diep en donker, er is geen deur, geen venster aan, geen licht tot verlichting, geen noordenwind om het hart te verkwikken. Daar gaat de zon niet op, maar zij liggen alle dagen in het duister...
Afgescheiden zijn zij die in het westen zijn en ellendig is hun bestaan. Men aarzelt om (ook) tot hen te gaan!
Men kan (dan) niet vertellen hoe men het er gehad heeft, maar men rust op zijn éne plaats in duisternis".[5]

[3] Zie Id., *ibid.*
[4] Cf. de Buck, *Inhoud en achtergrond van het Gesprek van den Levensmoede met zijn ziel,* in *Kernmomenten,* (*MVEOL,* 7), Leiden, 1947, p. 19-32.
[5] H. Kees, *Ein Klagelied über das Jenseits,* in *ZÄS,* 62 (1927), p. 73-79. Ned. vertaling ontleend aan G. van der Leeuw, *De godsdienst van het oude Aegypte,* p. 130.

Indien men de algemeen gangbare gedachte van de „conditionele onsterfelijkheid" laat varen, kunnen de schijnbaar tegenstrijdige gegevens ons inziens op de volgende wijze met elkaar verzoend worden. Wij veronderstellen dat voor de Egyptenaren, tenminste voor die van het Midden Rijk en het Nieuwe Rijk, de ziel in principe onsterfelijk was. Zij werd evenwel vernietigd wanneer de zondaar door het dodengericht tot de „tweede dood" veroordeeld werd. De mummificatie had tot doel de ba aan het lichaam en aan de aarde te binden; de ziel van hem die door Osiris rechtvaardig was bevonden (*maä cheroe*) kon zich vrij bewegen onder de goden en onder de geesten van de Doeat maar het was haar tevens gegeven het aardse bestaan voort te zetten. De vernietiging van de mummie of van het graf verbrak het contact van de ba met deze wereld en verbande hem voor goed naar de Doeat, waar hij gelukkig verder leefde in het Biezenveld; sommige Egyptenaren bleven blijkbaar ook vasthouden aan de oude opvatting van de reis met de zonneboot. Deze „verminderde gelukzaligheid" was van meetaf het deel van de gerechtige die niet rijk genoeg was om zich een graf te laten bouwen.

Een paar analogieën kunnen misschien onze stelling nog aannemelijker maken. Ook bij de Grieken bestond, *mutatis mutandis*, de opvatting dat de ziel verbonden blijft met het lijk. Zolang dit laatste niet begraven was bleef de ziel op de aarde ronddwalen en kon niet naar de Hades gaan. Evenals de Egyptenaren geloofden de Grieken dat de ziel onsterfelijk is, doch zonder daaruit te besluiten dat zij niet kon vergaan: naar het getuigenis van Synesius (4e eeuw n.C.) meenden sommigen in Homerus het bewijs te vinden dat verdrinking de totale vernietiging van de mens met zich brengt.[6]

Onze opvatting van de betekenis der osiriaanse begrafenis geeft een nieuwe kijk op een belangrijk aspect van de Egyptische beschaving. Wat wij hiervan weten berust uitsluitend op de teksten en voorwerpen die, behalve in enkele tempels, in graven en necropolen gevonden werden. De bewoners van de Nijlvallei bouwden hun „huizen der eeuwigheid" in veel duurzamer materiaal dan hun aardse woningen en rustten ze uit met alle mogelijk meubilair en voorraden. Zij kunnen ons daarom voorkomen als mensen die op een uitzonderlijke manier in beslag genomen waren door de gedachten aan de dood, die meer bezorgd waren om het

---

[6] Synesius, *Ep.* 4 ed. R. Hercher, *Epistolographi graeci*, (*Bibliothèque grecque Didot*), Parijs, 1873, p. 641 c-642 ab = Migne, *Patrologia graeca*, 66, p. 1333.

andere leven dan om het leven op deze wereld. Indien wij nu gaan inzien dat zij zich zoveel moeite gegeven en zulke grote offers getroost hebben in de hoop ook na de dood verder op de aarde te verwijlen, dan blijkt voor ons dat zij dit aardse bestaan meer dan alle andere mensen bemind en hooggeschat hebben. Hun dodenstad wordt dan een hymne aan het leven. Dat wij de cultuur van de oude Egyptenaren zo grondig kennen hebben wij te danken, niet aan een eeuwig piekeren over de dood, maar aan hun onverwoestbare levensvreugde. Hiermee stemt overigens ten volle overeen het blijmoedige, soms ook het humoristische, karakter dat zij in hun graven aan de uitbeelding van hun alledaagse bezigheden gegeven hebben.

LIJST VAN GODEN EN GODINNEN

Afb. 50. De voornaamste Egyptische goden en godinnen. (Naar: F. Daumas, *La civilisation ég.*, p. 276).

1. Amon-Rē. – 2. Anoukis. – 3. Anubis. – 4. Oebastet. – 5. Sjoe. – 6. Rē-Harachte. – 7. Herisjef (Harsaphes). – 8. Hathor. – 9. Haroëris. – 10. Harpokrates. – 11. Isis. – 12. Chnoem-Rē. – 13. Chonsoe. – 14. Montoe. – 15. Moet. – 16. Nefertem. – 17. Neith. – 18. Nechbet. – 19. Nephthys. – 20. Onouris. – 21. Osiris. – 22. Oeto. – 23. Ptah. – 24. Satis. – 25. Sobek. – 26. Sechmet. – 27. Selket. – 28. Seth. – 29. Sokaris. – 30. Thot.

Aker. Aardgod, als een stuk grond met één mensenhoofd, daarna met een mensenhoofd aan elk uiteinde, afgebeeld. Werd in latere tijd vervangen door dubbele sfinx of dubbele leeuw. Fungeert soms als helper van de doden in de onderwereld.

121

Amaunet. Vrouwelijke tegenhanger van Amon in de Ogdoade (groep van acht goden) van Sjmoen-Hermopolis. Te Thebe is zij, samen met Moet, de gezellin van Amon. In zoverre deze laatste een vorm van de zonnegod Rē is kan zij ook beider moeder zijn. Zij wordt ook met Neith geïdentificeerd en, evenals deze, door de Grieken met Athena gelijkgesteld. Slechts als Neith-Amaunet is zij het voorwerp van een cultus.

Amon. Vormt met Amaunet een godenpaar van de Ogdoade van Hermopolis. Was nauw verbonden met Mîn van Koptos: Mîn-Amon. Werd als luchtgod vereenzelvigd met Sjoe of werd „de ziel van Sjoe" genoemd. Wanneer Thebe hoofdstad wordt, ontwikkelt hij zich tot rijksgod onder de naam *Amonrasonter*, „Amon-Rē koning der goden". Hij vormt er een trias samen met Moet en Chonsoe. Gewoonlijk als mens, dikwijls ithyphallisch (gelijk Mîn), afgebeeld. De ram en de Nijlgans zijn hem toegewijd. Voor een van zijn talrijke verschijningsvormen, zie Kematef.

Amonrasonter. Zie Amon.

Amset. Zie Horuszonen.

Anat. Westsemitische godin die vermoedelijk door de Hyksos in Egypte werd ingevoerd en daarom te Tanis een cultus genoot. Zij wordt de dochter van Rē en de gezellin van Seth genoemd. Als krijgsgodin wordt zij als vrouw met schild en krijgsbijl afgebeeld; zij draagt de kroon van Opper-Egypte, met veren getooid.

Anedjti. „Die van Andjet", lokale god van de hoofdstad van de 9e Beneden-Egyptische gouw, later Boesiris. Hij werd zeer vroeg verdrongen door Osiris, die aan hem het karakter van goddelijke koning en de vorstelijke attributen, kromstaf en zweep, ontleende.

Antaios. De naam *antioe* „de beiden met de klauwen" wijst op een paar roofvogels of valken, die met Horus en Seth werden geïdentificeerd en, sinds het Nieuwe Rijk, met Horus alleen. Omwille van de gelijkluidende naam vereenzelvigden de Grieken deze god met Antaios, de Libische reus, zoon van Poseidon en Gaea, en in de Hellenistische tijd werd in de 10e Boven-Egyptische gouw een stad Antaeopolis gesticht, als metropool van een nieuwe gouw, op de plaats van het moderne Qaw el-Kebir. Door het recente identificeren van de god Nemti dienen een aantal gegevens over Anti herzien te worden.

Anoukis. Godin van het gebied van de eerste stroomversnelling in de

Nijl, wordt op het eiland Sehel vereerd en, samen met Chnoem, te Elephantine. Haar heilig dier is de gazelle.

Anubis. Dodengod die als liggende hond of als mens met hondskop wordt afgebeeld. Beschermer van de necropool, mummificeerder en medewerker van Thot in het dodengericht. Wordt geassocieerd en ten dele gelijkgesteld met Chenti-Imentioe en met Wepwaoet. Zoals deze laatste, ook krijgsgod.

Apis. Goddelijke zwarte stier met zonneschijf en uraeus tussen de horens, leefde te Memphis in het Apieion en gold er als de bemiddelaar van Ptah. Werd ook geassocieerd met Osiris, vooral na zijn dood, wanneer hij, zelf een Osiris geworden, bijgezet werd in het Serapeum (zie Serapis).

Apophis. Demon in slangengestalte die voortdurend met de zonnegod Rē in strijd is en, aangezien de dode Rē in zijn zonneboot vergezelt, ook de vijand van Osiris.

Ar(en)snouphis. Griekse transcriptie van *iri-ḥemes-nefer*, ,,de schone huisgenoot'', epitheton van Sjoe in de Nubische tempels van de Ptolemaeïsch-Romeinse tijd. Het zinspeelt op zijn hoedanigheid van echtgenoot van Tefnet, het zonneoog dat hij uit Nubië naar Egypte teruggebracht heeft. Hij wordt met Onouris en Dedoen geïdentificeerd.

Astarte. Fenicische godin, wordt onder de 18e dynastie in Egypte bekend en geniet er verering tot in de Ptolemaeïsche tijd. Als krijgsgodin wordt zij met Seth verbonden en met Sechmet geïdentificeerd. Als godin van de liefde wordt zij met Hathor en, langs deze om, met Isis gelijkgesteld.

Atoem. Kosmische oergod, vader van Sjoe en Tefnet en hoofd van de Enneade (groep van negen goden) van On-Heliopolis. Wordt als mens afgebeeld en reeds vroeg met Rē gelijkgesteld onder de naam Rē-Atoem.

Aton. Onder het Midden Rijk naam van de zonneschijf, begint onder Thoetmosis IV maar voornamelijk onder Amenhotep III op een bijzondere verschijningsvorm van de zonnegod te wijzen. Wordt door Amenhotep IV-Echnaton als de enige god erkend en te Achetaton, ,,horizon van Aton'' (el-Amarna), vereerd onder de vorm van een zonneschijf met stralenhanden.

Bastet. Zie Oebastet.

Bes. Egyptische demon die als een grijnzende baardige dwerg wordt afgebeeld. Zijn rol is magisch-apotropaeïsch. Hij geldt als beschermer van het kraambed en speelt een rol in het geslachtsleven.

Bouchis. Goddelijke witte stier met zwarte kop die te Hermonthis vereerd wordt. Hij werd er met de lokale god Montoe versmolten doch hij gold ook als bemiddelaar van Rē. Na zijn dood wordt hij, gelijk de Apis-stier, een Osiris, d.i. Osorbouchis. Hij wordt op dezelfde manier gemummificeerd en bijgezet in een gemeenschappelijke begraafplaats, het B(o)ucheum.

Chentechtai. Zie Horus.

Chenti-Imentioe. God van de necropool van Abydus wiens naam betekent „de eerste van de westelijken (d.z. de bewoners van de onderwereld)". Reeds onder het Oude Rijk wordt hij door Osiris verdrongen en vereenzelvigd met de dodengoden Anubis en Wepwaoet, die, evenals hij, de gedaante van een hond hebben.

Chenti-Irti. Zie Horus.

Cheprer. „Hij die (vanzelf) ontstaat" is de naam van de goddelijke skarabee die zeer vroeg als een gedaante gold van de oergod Atoem en, langs deze om, met Rē, inzonderheid met de morgenzon vereenzelvigd werd.

Chnoem. Levenscheppende en vruchtbaarheidsgod die als man met ramskop wordt afgebeeld. Zijn vier voornaamste cultusplaatsen zijn, van noord naar zuid, Hwôr (huidig Hoer, ten noorden van Sjmoen-Hermopolis), Hypsele, Esna en Elephantine. In de eerste stad is hij de schepper die de aarde doet ontstaan, die goden en mensen en al het bestaande in het leven roept. Zijn werktuig is de pottenbakkersschijf, waarop hij de mens en zijn ka (vitaliteit) afzonderlijk boetseert. Zijn gezellin is hier de kikvors Heket, godin van de geboorte. Te Elephantine is hij de echtgenoot van Satis en tevens met Anoukis verbonden. Hier is hij de bewaker van de bronnen waaruit de levenbrengende Nijloverstroming geacht wordt te ontstaan.

Chonsoe. Maangod, antropomorf met op het hoofd de maan. Zijn voornaamste cultusplaats is Karnak, waar hij als zoon van Amon en Moet met dezen een trias vormt. Tengevolge van het syncretisme van Chonsoe met Thot, een andere maangod, en met de zonnegod Horus wordt Chonsoe soms als man met de kop van een ibis, resp. van een valk afgebeeld.

Dedoen. Als „heer van Nubië", die de wierook bezorgt, in het Egyptische pantheon ingevoerd. Had tempels te Semna, bij Aboe Simbel, en in de Romeinse tijd ook te Philae, waar hij als een bijzondere vorm van Ar(en)snouphis gold.

Doeamoetef. Zie Horuszonen.

Enneade. Zie Atoem

Geb. Antropomorfe aardgod, in de Enneade van On-Heliopolis echtgenoot van Noet, de hemel, en vader van Osiris en diens broers en zusters. Erfgenaam van Atoem in zijn hoedanigheid van erfvorst van de goden; daarom zit de Egyptische koning ,,op de troon van Geb''. Door de Grieken met Kronos geïdentificeerd.

Hapi. Nijlgod, personificatie van de overstroming, als tweeslachtig wezen voorgesteld die gaven aanbrengt.

Hapi. Zie Horuszonen.

Harachte
Harendotes
Harmachis   zie Horus.
Harmerti
Haroëris
Harpokrates

Harsaphes. Beter Herisjef gelezen, god met ramskop die te Heracleopolis Magna vereerd wordt. Hij wordt met Osiris, Rē, Amon en (Har)Somtous geïdentificeerd en als oergod aangezien. De Grieken stelden hem met Heracles gelijk.

Harsiësis
Harsomtous   zie Horus.

Hathor. Godin van de liefde en van de vreugde, van muziek en dans, ook ,,de Goudene'' bijgenaamd, werd met Aphrodite geïdentificeerd. Te Dendara, de voornaamste onder haar talrijke cultusplaatsen, is zij de echtgenote van Horus van Edfoe en moeder van Ihi. Ook in het buitenland (Byblus, de Sinaï, Nubië, Poent) genoot zij grote verering. Zij wordt als koe of als vrouw met koehorens boven het hoofd of met koeoren afgebeeld. De betekenis van haar naam, ,,huis van Horus'', schijnt haar het karakter van een hemelgodin toe te kennen. Hierop steunt vermoedelijk haar syncretisme met Noet en, langs deze om, met Isis. Onder het Nieuwe Rijk wordt soms melding gemaakt van een groep van zeven Hathoren die, als een soort feeën, bij de geboorte aanwezig zijn en het lot van het kind voorspellen.

Hatmehit. Godin van de stad Mendes en van de gouw, draagt een vis op het hoofd, wat herinnert aan haar naam „Eerste van de vissen". Werd als lokale godheid verdrongen door de ram van Mendes, maar werd diens echtgenote.

Heka. God van de toverkunst, personifieert de toverkracht.

Heket. Kikvorsgodin, meesteres van de stad Hwôr, waar zij samen met Chnoem vereerd wordt. Godin van de geboorte.

H(a)eh. Knielende persoon met opgeheven armen die de oneindigheid, inzonderheid die van het uitspansel van de hemel, personifieert. In die hoedanigheid kan hij met Sjoe en Amon gelijkgesteld worden.

Herisjef. Zie Harsaphes.

Horus. Hemelgod die als valk of als mens met valkenkop wordt voorgesteld. De zon en de maan zijn de ogen van de valk en hieraan herinnert de naam *Harmerti*, „Horus met de beide ogen", onder welke hij te Sjeden (Pharbaithos) in de Delta vereerd wordt. Volgens de mythe verliest hij in de strijd met Seth tijdelijk het oog dat de maan vertegenwoordigt of zelfs beide ogen. Hierop berusten de verschijningsvorm en de namen die hij te Letopolis in de Delta heeft, nl. *(Me)chenti-irti* en *(Me)chenti-n-irti*, die betekenen „Hij die beide ogen heeft", resp. „niet heeft". Te On-Heliopolis wordt hij zeer vroeg geïdentificeerd met de zon, inzonderheid met de morgenzon, onder de naam *Rē-Harachte*, „Rē-Horus bewoner van de horizon", en onder de verwante naam *Harmachis*, „Horus in de horizon", wordt hij in de grote sfinx te Giza vereerd. Op het syncretisme met Rē steunt verder de vorm *Harsomtous*, „Horus de vereniger van de Beide Landen (d.i. Egypte)", die nabij Dendara een cultus had. Het feit dat Horus in verbinding trad met de Osirismythe had tot gevolg dat de Horusfiguur gesplitst werd. Er is nu enerzijds *Haroëris*, „Horus de Oudere", de hemelgod, tevens god-koning, die na Osiris over Egypte heeft geregeerd en wiens macht door Seth werd betwist. Anderzijds is er *Harpokrates*, „Horus de knaap", die „de zoon van Isis", *Harsiësis*, is, dewelke deze dank zij haar toverkracht bij haar dode broer en echtgenoot Osiris gewonnen heeft. In deze mythe is Seth de broer van Osiris en hij doodt hem door list. De kleine Horus treedt dan tegen zijn oom in het strijdperk als de „helper (wreker) van zijn vader", *Harendotes*. De voornaamste cultusplaats van Horus, in de Late Tijd, is Edfoe. Te Athribis, in de Delta, werd Horus verbonden met de lokale valkgod *Chentechtai*, die echter oorspronkelijk een krokodil schijnt geweest te zijn en die ook versmolt met een lokale stiercultus.

Horuszonen. Is de naam van vier genii wier koppen de deksels sieren van de kanopen of ingewandenkruiken. Hun namen zijn Amset, Hapi, Doeamoetef en Kebeḥsenoeëf. Zij worden ook als sterren vereerd en hun namen werden aan de vier windstreken gegeven: in de bovenvermelde orde vertegenwoordigen zij het zuiden, het noorden, het oosten en het westen.

Hoe. Incarnatie van het scheppende woord van Rē in de kosmogonie van On-Heliopolis.

Ihi. Goddelijke knaap, zoon van Hathor van Dendara en van Horus van Edfoe. Zijn attributen zijn de halskraag *menat* en het sistrum.

Imhotep. Bouwmeester en raadgever van koning Djoser, van de 3e dynastie, die, vermoedelijk eerst in de Saïtische tijd (7e-6e eeuw), werd vergoddelijkt. Hij geldt dan als de zoon van Ptah en wordt, voornamelijk te Memphis, als heilgod vereerd en met Asklepios vereenzelvigd. De Griekse vorm van zijn naam is Imouthes.

Isis. Antropomorfe godin, incarneert vermoedelijk de koningstroon, die zij vaak op het hoofd draagt. Zij is de dochter van Geb, zuster en echtgenote van Osiris en moeder van Horus-de-knaap. In de Late Tijd wordt zij een universele godin door syncretisme met een aantal vrouwelijke godheden, nl. Hathor, Noet, Astarte, Oebastet, Sechmet, Sothis, Thermouthis enz. In de Hellenistische tijd is haar cultus ver buiten Egypte verspreid, later zelfs over het gehele Romeinse Rijk. Zij heeft een belangrijk heiligdom te Philae. De Grieken stelden haar met Demeter gelijk.

Kadesj. Godin van het geslachtsleven, meestal naakt voorgesteld, die tijdens het Nieuwe Rijk in Egypte werd ingevoerd. Zij vormt een trias met Mîn en Resjef. Zij wordt vooral te Memphis en te Thebe vereerd en soms gelijkgesteld met Hathor, of ook met Astarte en Anat.

Kebehsenoeëf. Zie Horuszonen.

Kematef. Deze naam, die betekent „Hij die zijn tijd volbracht heeft", duidt op een slang die vereenzelvigd wordt met Amon van Karnak. Hieraan beantwoordt vermoedelijk de Griekse vorm *Knêph*.

Maät. Personificatie van de kosmische orde, waaraan op het menselijk vlak waarheid en gerechtigheid beantwoorden. Wordt als vrouw afgebeeld met een veer op het hoofd en dochter van Rē genoemd.

127

Mechenti-Irti. Zie Horus.

Meresger. Slanggodin die de Thebaanse necropool incarneert en vereerd wordt te Deir el-Medina, het dorp van de arbeiders en kunstenaars van de necropool. Haar naam betekent „Zij houdt van de stilte". Haar cultus is verbonden met die van de Piek, de piramidevormige bergtop die de necropool beheerst.

Meschenet. Godin die de geboortetichels verpersoonlijkt waarop de Egyptische vrouwen hurkten om te baren; daarom afgebeeld als steen met het hoofd van een vrouw. Zij beschermt de pasgeborene en voorspelt zijn lot.

Mîn. Ithyphallische god die de mannelijke teelkracht en, algemeen, de vruchtbaarheid incarneert, vandaar ook scheppende god. Werd met Amon, Rē en Horus verbonden. Bijzonderste cultusplaatsen te Koptos en te Achmîm. Syncretisme met de Griekse god Pan.

Mnevis. Heilige witte stier van On-Heliopolis, die de heraut van Rē genoemd wordt.

Montoe. Bijzonderste god van de gouw van Thebe voordat hij door Amon verdrongen werd. Als valkgod werd hij met Horus geïdentificeerd. Vóór alles oorlogsgod. Heiligdommen te Hermonthis, Medamoed en Tôd, ook te Thebe.

Moet. Echtgenote van Amon te Thebe en moeder van Chonsoe. Werd eerst als gier, later als vrouw afgebeeld. Zoals Amon met Rē werd verbonden, werd zij met het zonneoog geïdentificeerd. Zij wordt met Hathor, Oebastet, Sechmet, Nechbet en Oeto gelijkgesteld.

Naunet. Vrouwelijke partner van Noen, het oerwater, met wie zij het eerste van de vier paren vormt in de Ogdoade van Sjmoen-Hermopolis. Zij wordt afgebeeld met een slangenkop.

Nechbet. Godin die de gedaante van een gier heeft, van een vrouw met de kop van een gier of van een vrouw gesierd met de kop, het lichaam en de vlerken van een gier (vgl. Moet). Haar naam „die van Necheb" wijst er op dat zij de lokale godin is van de dubbele stad Necheb-Eileithyiaspolis (huidig el-Kâb) en Nechen-Hiërakonpolis, in de prehistorische tijd de hoofdstad van Opper-Egypte. Daardoor werd zij, na de vereniging van de beide landsdelen, eng verbonden met de slanggodin Oeto van de hoofdstad van de Delta, Boeto. Zij incarneert ook de witte kroon van Opper-Egypte en beschermt de koning.

Nefertem. Goddelijke knaap van de trias van Memphis, waar hij de zoon is van Ptah en Sechmet. Hij is oorspronkelijk verbonden met de (geur van de) lotusbloem. Zoals zijn moeder kan hij zich manifesteren als leeuw. Zijn naam werd in het Grieks tot Nephthêmis en Iphthimis.

Neith. Antropomorfe krijgsgodin van Saïs, wier cultussymbool een schild met twee gekruiste pijlen of bogen is. Zij wordt met Athena geïdentificeerd en zij geldt als de moeder van Sobek. In latere tijd wordt zij tot oergodin verheven.

Nephthys. Antropomorfe godin, dochter van Geb en Noet en echtgenote van Seth. Zij had blijkbaar geen cultusplaats.

Nepri. God van het koren.

Noen. Het oerwater, als god gepersonifieerd in de kosmogonie van Sjmoen-Hermopolis.

Noet. Hemelgodin, echtgenote van Geb in de Enneade van On-Heliopolis en moeder van Osiris, Isis enz.; ook moeder van de zon, de maan, de sterren.

Oebastet. Lokale godin van de Deltastad die Per-Oebastet, Boebastis, „Huis van Oebastet", wordt geheten. Als liefelijke kat is zij de tot bedaren gekomen woeste leeuwin Tefnet of ook Sechmet.

Oenoet. Godin in de gestalte van een haas die vereerd werd in de 15e Opper-Egyptische gouw, de hazengouw (latere hoofdstad: Hermopolis). Ook demon van de onderwereld of beschermende godheid, met messen gewapend.

Oeto (of Wadjit). Personificatie van de uraeusslang, godin van de prehistorische dubbele hoofdstad van de Delta Dep en Pe, later Boeto, d.i. „Huis van Oeto", genaamd. Als dusdanig heeft zij tot symbool de papyrusplant, is zij de meesteres van de rode kroon van Beneden-Egypte en de tegenhanger van de Opper-Egyptische Nechbet.

Ogdoade. Zie Amon.

Onouris. Lokale god van This, in de gouw van Abydus. Zijn naam betekent „Hij die de verre (godin) gehaald heeft" en is een toespeling op de mythe van het zonneoog dat uit de vreemde terug naar Egypte moest gebracht worden. Hij wordt met Sjoe gelijkgesteld en door de Grieken met Ares vereenzelvigd.

Osiris. Antropomorfe god die reeds in zeer vroege tijd te Boesiris werd vereerd, waar hij de lokale god Anedjti verdrong. Maakt deel uit van de Enneade van On-Heliopolis. Koning uit de oertijd, opvolger van zijn vader Geb, wordt door zijn broer Seth gedood maar weer tot leven gewekt door de toverkracht van zijn zuster en echtgenote Isis, die bij hem een zoon gewint. Hij wordt dan tot koning van het dodenrijk en het symbool van de stervende en telkens weer herlevende vegetatie, langs die weg ook met de steeds afnemende en wassende maan verbonden. Vereenzelvigd met Ptah, Sokaris en Chenti-Imentioe. Hij heeft zijn voornaamste cultusplaatsen te Abydus en op het eiland Philae.

Petbé. God van de vergelding, alleen in de Hellenistische tijd bekend (cf. Griekse Nemesis). De Grieken vereenzelvigden hem met Kronos, die anderzijds ook Geb incarneert.

Piek. Zie Meresger.

Ptah. Antropomorfe en op archaïsche wijze voorgestelde rijksgod van het Oude Rijk en van zijn hoofdstad Memphis. Geldt hier als oergod en schepper en wordt met de aardgod Ta-tenen gelijkgesteld. Verder nog geïdentificeerd met de dodengoden Osiris en Sokaris. Patroon van de kunstenaars en als zodanig door de Grieken met Hephaistos vereenzelvigd.

Rē. Antropomorfe zonnegod die te On-Heliopolis met Atoem werd vereenzelvigd en zodoende tot oergod werd. Hier ook met Horus versmolten als morgenzon Rē-Harachte („Rē-Horus bewoner van de horizon"). Vader van Maät en heer van de kosmische orde. Onder de 5e dynastie wordt zijn cultus zeer belangrijk. Onder het Nieuwe Rijk wordt hij met de rijksgod Amon verbonden tot Amon-Rē en, naar dit voorbeeld, met talrijke andere lokale goden.

Renenoetet. Zie Thermouthis.

Resjef. Kanaänietisch-Fenicische dondergod, wordt onder het Nieuwe Rijk door de Egyptische volksklassen vereerd. Afgebeeld als man met oorlogsbijl, lans en schild.

Satis. Antropomorfe godin van het eiland Elephantine, voorgesteld met de kroon van Opper-Egypte en gazellehorens. Zij is hier de echtgenote van Chnoem en gezellin van Anoukis. In latere tijd met Sothis geïdentificeerd.

Sechet. Personificatie van het vruchtbare akkerland, in landbouwkringen vereerd.

Sechmet. Vrouw met leeuwenkop, godin van oorlog en ziekte, vormt met Ptah en Nefertem de trias van Memphis.

Selket of Selkis. Goddelijke waterschorpioen, als vrouw met een waterschorpioen op het hoofd afgebeeld, beschermt tegen deze gevaarlijke dieren. Ook beschermster van het leven en behoedster van de dode in de onderwereld samen met Neith, Isis en Nephthys.

Sepa. Duizendpoot, als god vereerd te Heliopolis en beschermer tegen gevaarlijke dieren.

Serapis. Hellenistische god wiens cultus bedoeld was om een toenadering tot stand te brengen tussen Grieken en Egyptenaren. Door de Grieken wordt hij als Zeus voorgesteld met een korenmaat (modius) op het hoofd en met de Cerberus naast zich, wat op zijn karakter van dodengod wijst. Voor de Egyptenaren is hij Osiris-Apis, d.w.z. de gestorven Apis-stier die tot Osiris geworden is. Gelijk deze laatste is hij ook god van de vruchtbaarheid maar bovendien genezende god en redder.

Sesjat. Antropomorfe godin van de schrijf- en rekenkunst, zuster of dochter van Thot; in de Late Tijd met Isis en door de Grieken met de Muze vereenzelvigd.

Seth. Lid van de Enneade van On-Heliopolis, zoon van Geb en Noet en broer van Osiris, dien hij ter dood brengt. Hij wordt afgebeeld als een fabelachtig dier of als man met de kop van dit dier. God van de woestijn en van de vreemde landen, ook onweersgod, als dusdanig gelijkgesteld of geassocieerd met de vreemde goden en godinnen die onder het Nieuwe Rijk in het Egyptische pantheon opgenomen werden. Zijn vrouw en zuster is Nephthys.

Sia. Personificatie van het inzicht, die samen met Hoe de schepping door de gedachte en het woord van de oergod uitdrukt.

Sjai. God van de levensduur en, meer algemeen, van het lot van de mens. Wordt door de Grieken met de slang Agathos Daimon gelijkgesteld.

Sjed. Jonge god, met Horus geassocieerd en wiens naam ,,de redder" er op wijst dat hij schadelijke dieren vernietigt en in het algemeen de goddelijke hulp incarneert.

Sjoe. Antropomorfe god van de lucht, in de Enneade van On-Heliopolis zoon van Atoem en Noet, broer en echtgenoot van Tefnet. Met deze laatste wordt hij te Leontopolis in de Delta als een leeuwenpaar vereerd.

Sobek. Krokodilgod, voornamelijk in het Fajoem maar ook elders in Egypte, bijv. te Kom Ombo, vereerd. Onder het Midden Rijk met

Rē verenigd tot Sobek-Rē, wordt hij tot oergod en schepper. De Grieken lazen zijn naam als Souchos.

Sokaris. God met valkenkop, beschermer van de necropool van Memphis, met Ptah en Osiris geassocieerd.

Sopdoe. God van de oostelijke, 20e Deltagouw en van de turkooismijnen op de Sinai, in de aangrenzende woestijn. Enerzijds wordt hij als een hurkende valk met twee hoge veren op de kop afgebeeld, anderzijds als een Aziaat.

Sothis. Griekse vorm van Sepdet, de naam van de Sirius- of Hondsster, wier opgang, samen met de zon, het begin van de jaarlijkse Nijloverstroming en van het Egyptisch burgerlijk jaar inluidde. Zeer vroeg versmolten met Isis, later, vermoedelijk wegens de gelijkenis van de naam, met Satis van Elephantine.

Taït. Naam van een stad in de Delta die aan haar lokale godin, patrones van de weefkunst, werd gegeven.

Ta-tenen. Chthonische oergod van Memphis, zeer vroeg door Ptah verdrongen.

Tefnet. Godin van de vochtigheid, dochter van Atoem en Noet in de Enneade van On-Heliopolis, zuster en echtgenote van Sjoe. Met deze als leeuwenpaar voorgesteld te Leontopolis, in de Delta, blijft zij met Heliopolis verbonden als personificatie van het zonneoog. De Griekse vorm van de naam is Tphênis.

Thermouthis. Griekse transcriptie (met het bepaalde lidwoord *t*) van de naam Renenoetet, godin van de vruchtbaarheid en van de oogst, die als slang of als vrouw met slangenkop wordt afgebeeld. Moeder van Nepri, de god van het koren, wordt zij geassocieerd met de godheden van de geboorte Heket, Chnoem en Meschenet en, als godin van het lot, met Sjai. Zij wordt voornamelijk in het Fajoem vereerd, o.a. te Narmouthis (huidig Medinet Madi) en te Tebtynis, maar ook ten westen van de Delta is de stad Terenouthis (modern Kom Aboe Billoe) naar haar genaamd. In de Ptolemaeische tijd wordt zij als een vorm van Isis vereerd.

Thoëris. Zwangere nijlpaardgodin, meesteres van de vruchtbaarheid. Soms wordt de dwerg Bes als haar echtgenoot beschouwd. Haar naam betekent ,,de grote (godin)".

Thot. Hoofd van de Ogdoade van Sjmoen-Hermopolis. Zijn heilige dieren zijn de ibis en de baviaan. God van de wijsheid, van de wetten en de gewijde boeken. Ook maangod, vandaar heer van de tijd en van de rekenkunst. Wegens zijn hoedanigheid van bode der goden hebben de Grieken hem met Hermes gelijkgesteld.

Wadjit. Zie Oeto.

Wepwaoet. Soort wilde hond, lokale god van Sioet (Lycopolis) en wiens naam betekent „Hij die de wegen opent". Griekse vorm Ophois. Wordt als krijgsgod met Horus geassocieerd en met Anubis geïdentificeerd als god van de necropool van Abydus.

CHRONOLOGISCH OVERZICHT
VAN DE EGYPTISCHE GESCHIEDENIS

Archaïsch of Thinitisch Tijdvak (3100-2686)

Sommige koningen uit deze protohistorische tijd hebben een graf te Abydus en/of te Saqqara. Men neemt aan dat hun hoofdstad in het nabije This lag.

1e dynastie, volgens de traditie ingeluid door de vereniging van de Delta en Opper-Egypte door koning Menes. Deze wordt door sommigen geïdentificeerd met de historisch gedocumenteerde koning Narmer, door anderen met Hor-Aha.

2e dynastie. De meest bekende zijn de laatste drie koningen Peribsen, Chasechem en Chasechemoeï.

Oude Rijk (2686-2181)

3e dynastie (2686-2613). De belangrijkste koning is Djoser (trappenpiramide van Saqqara).

4e dynastie (2613-2494), hoogtepunt van het Oude Rijk, begonnen door Snefroe en beroemd wegens de grote piramidebouwers Cheops, Chephren en Mycerinus.

5e dynastie (2494-2345), door Oeserkaf gesticht. Nabij Aboesir en Aboe Goerab liggen de piramiden en zonnetempels van Sahoerē, Neferirkarē, Nioeserrē. In het graf van Oenas, te Saqqara, komen de eerste piramideteksten voor.

6e dynastie (2345-2181). De voornaamste vorsten zijn Teti en Pepi I en II. Piramiden te Saqqara.

Eerste Tussenperiode (2181-2040)

Beginnend met een sociale revolutie die een einde maakte aan het Oude Rijk.

7e dynastie, is een fictieve dynastie.

8e dynastie. Verbrokkeling van Egypte in een aantal vorstendommen.

9e en 10e dynastie. De vorsten van Heracleopolis nemen de koningstitel aan en doen hun gezag door de andere gouwvorsten erkennen. Een van deze koningen is Merikarē.

Midden Rijk (2040-1786)

11e dynastie (2133-1991). Antef I, van Thebe, bindt de strijd aan met de Heracleopolieten, die door Antef II en III wordt voortgezet. Mentoehotep I (ca. 2065) behaalt de eindoverwinning en inaugureert het Midden Rijk. Tenminste vier vorsten met dezelfde naam regeren na hem te Thebe.

12e dynastie (2000-1786). Drie koningen, Amenemhet genaamd, wisselen af met drie koningen die Sesostris heten. Bloeitijd van het Midden Rijk; hoofdstad Lisjt, tussen Memphis en het Fajoem. Beneden-Nubië wordt onderworpen en bij Egypte gevoegd, Palestina en Syrië behoren tot de Egyptische invloedssfeer. Het bestuur wordt gereorganizeerd, het kadaster wordt herzien en er worden grote werken uitgevoerd, o.a. drooglegging van het Fajoem.

Tweede Tussenperiode (1786-1558)

13e en 14e dynastie (1786-1680). De eenheid van Egypte blijft bewaard en het oefent verder zijn gezag uit over de buitenlandse gebieden.

15e en 16e dynastie (1674-1558) zijn Hyksos-dynastieën. De Aziaten stichten in het oosten van de Delta een vorstendom met Avaris als hoofdstad. Vandaar breiden zij hun overheersing uit over de Delta en tijdelijk ook over het gehele land.

17e dynastie (1650-1558) is die van de vorsten van Thebe, die blijkbaar aan de Hyksos weerstand geboden hebben. De laatste twee gouwvorsten, Sekenenrē en Kamose, hebben vermoedelijk de open strijd tegen hen ingezet.

Nieuwe Rijk (1558-1085)

18e dynastie (1558-1303). A(h)mosis verdrijft de Hyksos uit Egypte en achtervolgt hen tot in Syrië. Na hem regeren achtereenvolgens Amenhotep I, Thoetmosis I en II, koningin Hatsjepsoet, Thoetmosis III, Amenhotep II, Thoetmosis IV, Amenhotep III en Amenhotep IV-Echnaton (1372-1354), Smenchkarē (?), Toetanchamon, Eje en Horemheb. Het is een tijd van buitengewone bloei en welvaart en de veroveringen, voornamelijk die van Thoetmosis III, schenken aan het rijk een grote macht buiten de grenzen. Deze bezittingen gaan evenwel verloren tijdens de regering van Echnaton, die te zeer in beslag genomen was door zijn religieuze revolutie om zich met de buitenlandse politiek in te laten.

19e dynastie (1303-1200). Na de korte regering van Ramses I worden de veroveringen hervat door de beroemde farao's Seti I en Ramses II. De zoon van deze laatste, Merneptah, en diens opvolgers zijn onbeduidende vorsten.

20e dynastie (1200-1085). Na de laatste roemrijke periode onder Ramses III, die de invasie van de „Zeevolken" afslaat, vertoont deze dynastie onder de overige Ramessiden (Ramses IV tot XI) een toenemend verval.

Derde Tussenperiode (1085-664)

21e dynastie (1085-945), de Tanitische of de dynastie van de Priester-Koningen genoemd. Terwijl Smendes en na hem Psoesennes I te Tanis regeren wordt de eerste profeet van Amon, de generaal Herihor, in de Thebaïs als koning erkend. Hetzelfde gebeurt met enkele hogepriesters onder zijn opvolgers.

22e of Boebastidische dynastie (945-717) en 23e dynastie (817-730), te Tanis, worden ook de Libische dynastieën genoemd omdat de stichter van de eerste, Sjosjenk I, een aanvoerder was van Libische huurlingen. Het was op politiek gebied een voortzetting van de tijd van de Priester-Koningen, maar met een nog grotere anarchie en verbrokkeling van het land in kleine vorstendommen.

24e dynastie (730-713), telt slechts twee koningen, Tefnacht en Bocchoris, die te Saïs regeren. Zij strekt haar macht niet verder uit dan Memphis.

25e of Ethiopische dynastie (715-656), gesticht door Pianchi, vorst van Napata in Nubië, die Opper-Egypte verovert. Zijn opvolger Sjabaka onderwerpt de Delta. Onder deze, en onder Sjabataka en Taharka, herleeft Egypte op politiek en cultureel gebied, terwijl Nubië geheel in de ban van de Egyptische beschaving komt. De anarchie blijft echter in de Delta heersen en maakt het de Assyriërs mogelijk dit gebied tijdelijk te onderwerpen. Van daaruit dringen zij zelfs naar Thebe door en verwoesten de stad.

Late Tijd (664-332)

26e of Saïtische dynastie (664-525), wier eerste koning, de prins van Saïs, Psammetichus I, met de hulp van de Nubiërs de Assyriërs verjaagt. Tot zijn opvolgers behoren Necho, Apriës en Amasis. Terwijl het land een nieuwe bloei kent, komen nu voor het eerst Griekse huurlingen naar Egypte en Griekse kooplieden stichten in de Delta de stad Naucratis.

27e dynastie (525-404). Kambyses verovert het Nijlland en de vijf Achaemeniden, van Kambyses tot Darius II, die verantwoordelijk zijn voor de Eerste Perzische overheersing, vormen samen deze dynastie.

28e dynastie (404-398), 29e dynastie (398-378) en 30e dynastie (378-341) zijn de laatste nationale dynastieën. De Egyptenaren profiteren van de moeilijkheden in het Perzische koningshuis om in 404 in opstand te komen; zij worden opnieuw voor een 60-tal jaren onafhankelijk. De 28e dynastie wordt vertegenwoordigd door één enkele koning, Amyrtaios; de stichter van de 29e stamt uit Mendes en tot de 30e behoren twee koningen die de naam Nektanebo dragen.

31e en laatste dynastie (341-333). In 343-342 herovert Artaxerxes III Ochus Egypte en luidt de Tweede Perzische overheersing in.

Ptolemaeisch en Romeins Tijdvak

In 332 wordt Egypte door Alexander de Grote op Darius III Codomannus veroverd. Na de dood van Alexander in 323 maakt, onder de Diadochen, Ptolemaeus zich van het lijk meester en brengt het naar Alexandrië. Hij wordt satraap van Egypte en in 304 neemt hij de koningstitel aan (Ptolemaeus I Soter). Na de slag bij Actium (31 v.C.) valt Octavianus Egypte binnen en verovert Alexandrië. Cleopatra (VII) pleegt zelfmoord. Daarmee begint, 30 v.C., de Romeinse periode, die tot 284 n. C. duurt. Dan laat men algemeen, met de troonsbeklimming van Diocletianus, het Byzantijnse tijdvak beginnen.

LIJST VAN DE AFBEELDINGEN

17. Een voorstelling van Bes op een „pelgrims"-flesje. (Vgl. J. Baines -J. Málek, *Atlas van het Oude Egypte*, p. 217).

18. Rē-Harachte en Atoem in de P. Harris n° 1. (Naar: G. Jéquier, *Religions ég.*, p. 105).

19. Noen heft de zonnebark omhoog, sarkofaag van Seti I. (Naar: G. Jéquier, *Religions ég.*, p. 61).

20. De zon geboren uit Noet, plafond van de nieuwjaarskapel te Dendara. (Uit: W. Westendorf, *MÄS* 10, 1966, pl. 26).

21. Voorstelling van de Ogdoade op de naos van Amasis, Louvre. (Naar: G. Jéquier, *Religions ég.*, p. 158).

22. Alexander de Grote in aanbidding voor de ithyphallische Amon, barkenkapel te Loeksor. (Foto J.Q.).

23. Het oedjat-oog in de maan ingetekend, plafond te Esna. (Uit: S. Sauneron, *Esna* IV, 1, travée D).

24. Isis voedt haar kind in het papyrusbos te Chemmis, geboortetempel te Philae. (Uit: H. Junker – E. Winter, *Geburtshaus ... in Philae*, p. 12).

25. Horus doodt het nijlpaard: scène uit de Horus-mythe, voorgesteld te Edfoe. (Foto J.Q.).

26. De hemelkoe, voorgesteld in het graf van Seti I, koningsvallei te Thebe. (Naar: G. Jéquier, *Religions ég.*, p. 215).

27. Pyloon van de Horus-tempel te Edfoe. (Foto J.Q.).

28. Plattegrond van de tempel van Edfoe. (Uit: *Woordenboek der Oudheid* I, afb. 39). P. = pyloon; H. = voorhof; 1. = pronaos of hypostyle zaal met a. het „morgenhuis" en b. de „bibliotheek"; 2. = „Hal der verschijning", met links daarvan de „Nijlkamer"; 3. offerzaal; 4. „Hal der Enneade" of „middenhal"; 5. de „heilige plaats" (adyton) met naos en heilige boot, daaromheen de kapellen van de nevengoden en schatkamers; in c. het „reine vertrek"; d. waterput met nilometer.

29. Luchtzicht op het tempeldomein van Karnak. (Uit: *Du ciel de Thèbes*, 6).

30. Amon-tempel te Karnak: de hypostyle zaal. (Foto J.Q.).

31. Zicht vanop de pyloon op de voorhof, pronaos en naos van de Horus-tempel te Edfoe. (Foto J.Q.).

32. De zonnetempel van Nioeserrē te Aboe Goerab. (Naar: F. Daumas, *La civilisation ég.*, p. 450).

33a&b. De tempel van Achetaton: het *gem-Aton*. (Uit: J.D.S. Pendlebury e.a., *The City of Akhenaten*, III, pl. VI A-B).

34. De tempel van Achetaton: het *benben*-huis. (Uit: Id., *ibid.*, pl. IX).

35. Rituele loop samen met de Apis-stier als onderdeel van het sed-feest; blok van de zogenaamde rode kapel van Hatsjepsoet te Karnak. (Foto J.Q.).

36. Seti I biedt Maät aan de goden aan. (Uit: O. Keel, *Altorient. Bildsymbolik*, p. 258).

37. Kop van een Egyptisch priester: de „groene" kop uit het Museum te W. Berlijn. (Uit: J. Leclant e.a., *Les pharaons. L' Egypte du crépuscule*, p. 164).

38. Een ritualist of „pterofoor" en een priester met sistrum. (Uit: F. Daumas, *Les Mammisis de Dendara*, pl. LXXXVI, LXXXVII).

39. Taferelen van de Dagelijkse Eredienst te Abydus. (Naar: G. Roeder, *Kulte und Orakel im alten Ägypten*, passim).
    (Het cijfer tussen haakjes verwijst naar het nummer van het tafereel in de tekst).
    1. Wegtrekken van de grendels van het adyton (4). – 2. Verering van de god met neerhangende armen (13). – 3. Afwissen van de troon (14). – 4. De handen op de god leggen (15). – 5. Uittrekken van het lange kleed (17). – 6. Aantrekken van het witte kleed (20). – 7. Het aanbieden van *sesjepet*-snoer en kwast (24). – 8. Opzetten van de hoofdtooi (25). – 9. Aanbieden van drie scepters en twee armbanden (26). – 10. Aankleden met de rode mantel (28). – 11. Zand op de grond strooien (29). – 12. Uitwissen van de voetsporen met een bezem (36).

40. Processieboot gedragen door priesters, voorstelling te Karnak. (Naar: *Mythol. Papyri*, p. 18).

41. Een episode uit het feest van de „goede vereniging": de tocht van Dendara naar Edfoe. (Uit: E. Chassinat, *Edfoe* X, pl. CXXVI).

42. Echnaton brengt offers aan de zonnegod, afbeelding uit een graf te el-Amarna. (Uit: J.D.S. Pendlebury e.a., *The City of Akhenaton*, III, pl. V).

43. Stèle van Nebrē, Staatliche Museen, O. Berlijn. (Naar: A. Erman, *Denksteine*, pl. 16).

44. De vreemde krijgsgod Resjef, stèle te Hildesheim. (Naar: O. Keel, *Altorient. Bildsymbolik*, p. 119).

45. Kleifiguur met vervloekingstekst te Brussel. (Naar: Id., *ibid.*, p. 245).

46. Horus op de krokodillen, detail van de Metternichstèle te New York. (Naar: A. Moret, *Horus sauveur*, in *Revue de l'histoire des religions*, LXXII, 3 (1915), pl. I).
47. Schijndeur en offerplaat. (Naar: H. Bonnet, *Reallexikon*, p. 557 en 677).
48. Het Biezenveld, Dodenboek van Taoeherit te Leiden. (Uit: *Kunst voor de eeuwigheid*, afb. 10).
49. Het Dodengericht, Dodenboek van Taoeherit te Leiden. (Uit: *Kunst voor de eeuwigheid*, afb. 12).
50. De voornaamste Egyptische goden en godinnen. (Naar: F. Daumas, *La civilisation ég.*, p. 276).
   1. Amon-Rē. – 2. Anoukis. – 3. Anubis. – 4. Oebastet. – 5. Sjoe. – 6. Rē-Harachte. – 7. Herisjef (Harsaphes). – 8. Hathor. – 9. Haroëris. – 10. Harpokrates. – 11. Isis. – 12. Chnoem-Rē. – 13. Chonsoe. – 14. Montoe. – 15. Moet. – 16. Nefertem. – 17. Neith. – 18. Nechbet. – 19. Nephthys. – 20. Onouris. – 21. Osiris. – 22. Oeto. – 23. Ptah. – 24. Satis. – 25. Sobek. – 26. Sechmet. – 27. Selket. – 28. Seth. – 29. Sokaris. – 30. Thot.

LITERATUURLIJST

INLEIDING: ALGEMENE WERKEN OVER DE EGYPTISCHE GODSDIENST

Belangrijkste naslagwerken

Baines J. en Málek J., *Atlas of Ancient Egypt*, Oxford, 1980 (vert. door Sj. de Vries, *Atlas van het Oude Egypte*, Amsterdam en Brussel, 1981).
Bonnet H., *Reallexikon der ägyptischen Religionsgeschichte*, Berlijn, 1952.
Helck W. - Otto E. - Westendorf W., *Lexikon der Ägyptologie* I-VI, Wiesbaden, 1975-1986.

Algemene uiteenzettingen

Assmann J., *Ägypten. Theologie und Frömmigkeit einer frühen Hochkultur*, (*Urban-Taschenbücher*, 366), Stuttgart, 1984.
Brunner H., *Grundzüge der altägyptischen Religion*, Darmstadt, 1983.
de Buck A., *Egyptische godsdienst*, in G. van der Leeuw e.a., *De godsdiensten der wereld*, I, Amsterdam, 1956, p. 7-50 (3e dr. onder red. van C.J. Bleeker).
Černý J., *Ancient Egyptian Religion*, (E.O. James, *Hutchinson's University Library. World Religions*), Londen, 1952; herdruk Westport, 1979.
Derchain Ph., *Religion égyptienne*, in *Encyclopédie de la Pléiade, Histoire des religions*, I, Parijs, z.j. (1970), p. 63-140.
Desroches-Noblecourt Christiane, *Les religions égyptiennes*, in M. Gorce en R. Mortier, *Histoire générale des religions*, (I), Parijs, 1948, p. 204-237, 525-527. 2e Druk, *La religion égyptienne, ibid.*, Parijs, 1960, p. 146-269.
Donadoni S., *La religione dell' Egitto antico*, (M. Bendiscioli, *Le religioni dell' umanità*), Milaan, 1955.
Drioton É., *La religion égyptienne*, in M. Brillant en R. Aigrain, *Histoire des religions*, III, Parijs, 1955, p. 7-147.
Erman A., *Die Religion der Ägypter. Ihr Werden und Vergehen in vier Jahrtausenden*, Berlijn-Leipzig, 1934 (vert. door H. Wild, *La religion des Égyptiens*, (*Bibl. hist. Payot*), Parijs, 1937).
Frankfort H., *Ancient Egyptian Religion. An Interpretation*, (The American Council of Learned Societies, *Lectures on the History of Religions*, New Ser., 2), New York, 1948 (vert. door V. Groenewegen-Dumont, *De Levensopvatting der oude Egyptenaren*, Amsterdam, 1950).
Hornung E., *Der Eine und die Vielen*, Darmstadt, 1971, 1973[2] (vert. door J. Baines, *Conceptions of God in Ancient Egypt*, Londen, 1983).
Kees H., *Der Götterglaube im alten Ägypten*, zie onder Hfdst. II.

van der Leeuw G., *De godsdienst van het oude Aegypte*, (*Encyclopaedie in Monografieën.* Afd. Godsdienstgesch., 12-13), Den Haag, 1944.

Loret V., *L'Égypte au temps du totémisme*, (*Ann. du Musée Guimet, Bibliothèque de vulgarisation*, 19), Parijs, 1906, p. 151-221.

Morenz S., *Ägyptische Religion*, (Ch. M. Schröder, *Die Religionen der Menschheit*, 8), Stuttgart, 1960, 1977² (vert. door L. Jospin, *La religion égyptienne. Essai d'interprétation*, (*Bibl. hist. Payot, Coll. „Les religions de l'humanité"*), Parijs, 1962; herdruk 1977 in *Payothèque*; Eng. vertaling: *Egyptian Religion*, Londen, 1973).

Moret A., *Rois et dieux en Égypte*, Parijs, 1911, 1925 (2e uitgave).

Id. en Davy G., *Des clans aux empires*, (*Évolution de l'humanité*, Sect. I, 6), Parijs, 1923.

Sethe K., *Urgeschichte und älteste Religion der Ägypter*, (*Abh. f. d. Kunde d. Morgenlandes*, 18, 4), Leipzig, 1930.

Vandier J., *La religion égyptienne*, (*Coll. „ Mana"*, I, I), Parijs, 1944.

Westendorf W. ed., *Aspekte der spätägyptischen Religion*, (*GOF* IV, 9), 1979.

I. DE BRONNEN VAN DE EGYPTISCHE GODSDIENSTGESCHIEDENIS

Archeologische bronnen (algemeen)

Vandier J., *Manuel d'archéologie égyptienne*, 6 dln. in 11 banden, Parijs, 1952-1978.

Edities van Funeraire Teksten

Allen T.G., *The Egyptian Book of the Dead Documents in the Oriental Institute Museum at the University of Chicago*, (*The University of Chicago Oriental Institute Publications*, 82), Chicago, 1960.

de Buck A., *The Egyptian Coffin Texts*, dln. 1-7, (*The University of Chicago Oriental Institute Publications*), Chicago, 1935-1961.

Hornung E., *Das Amduat*, 3 dln., (*ÄA*, 7, 13), 1963-1967.

Lepsius R., *Das Todtenbuch der Ägypter. Nach dem hieroglyphischen Papyrus in Turin*, Leipzig, 1842 (oudste editie van een Dodenboek).

Maystre Ch. en Piankoff A., *Le Livre des Portes*, 3 dln., (*MIFAO*, 74, 75, 90), 1939-1962.

Naville E., *Das ägyptische Todtenbuch der XVIII. bis XX. Dynastie*, Berlijn, 1886.

Piankoff A., *Le Livre du jour et de la nuit*, Kairo, 1942.

Id., *Le Livre des Quererts*, Kairo, 1946 (overdruk uit *BIFAO*, 41 (1941-1945)).

Id. en Rambova N., *The Tomb of Ramesses VI*, 2 dln., (*Bollingen Series*, 40, I), New York, 1954 (vertaling van alle teksten in dl. I).

Sethe K., *Die altägyptischen Pyramidentexte*, 4 dln., Leipzig, 1908-1922; herdruk 1960.

Religieuze Teksten in vertaling

Allen T.G., *The Book of the Dead or Going Forth by Day*, (*Stud. in Anc. Or. Civilisation*, 37), Chicago, 1974.

Assmann J., *Ägyptische Hymnen und Gebete*, Zürich-München, 1975.

Barguet P., *Les textes des sarcophages égyptiens du Moyen Empire*, (*LAPO*, 12), 1986.

Id., *Le Livre des Morts des anciens Égyptiens*, (*LAPO*, 1), 1967.

Barucq A. en Daumas F., *Hymnes et prières de l'Égypte ancienne*, (*LAPO*, 10), 1980.

Donadoni S., *La religione dell' antico Egitto. Testi raccolti e tradotti*, Bari, 1959.

Faulkner R.O., *The Ancient Egyptian Pyramid Texts*, Oxford, 1969.

Id., *The Ancient Egyptian Coffin Texts*, I-III, Warminster, 1973-1978.

Id., *Book of the Dead*, Londen, 1985 (herziene uitgave).

Goyon J.-C., *Rituels funéraires de l'ancienne Égypte*, (*LAPO*, 4), 1972.

Hornung E., *Das Buch der Anbetung des Re im Westen*, (*Aeg. Helv.*, 2/3), 1975, 1976.

Id., *Das Buch von den Pforten des Jenseits*, (*Aeg. Helv.*, 7/8), 1979, 1980.

Id., *Das Totenbuch der Ägypter*, Zürich-München, 1979.

Id., *Ägyptische Unterweltsbücher*, Darmstadt, 1984 (herwerkte uitgave).

Lichtheim Miriam, *Ancient Egyptian Literature*, 3 dln., Univ. California, 1973-1980.

Mercer S., *The Pyramid Texts in Translation and Commentary*, 4 dln., New York, 1952.

Pritchard J.B., *ANET = Ancient Near Eastern Texts relating to the Old Testament*, 2e druk, Princeton, New Jersey, 1955 (ook keuze van niet-religieuze teksten); 3e druk, 1969, 1974.

Roeder G., *Urkunden zur Religion des alten Ägypten*, (W. Otto, *Religiöse Stimmen der Völker*), Jena, 1915-1923², 1978.

Id., *Die ägyptische Religion in Texten und Bildern*, 4 dln., Zürich-Stuttgart, 1959-1961.

Sethe K., *Übersetzung und Kommentar zu den altägyptischen Pyramidentexten*, 6 dln., Glückstadt, 1935-1962.

Griekse en Latijnse bronnen voor de Egyptische godsdienst

Hopfner Th., *Fontes historiae religionis aegyptiacae*, 4 dln., Bonn, 1922-1925.

Ronchi Giulia, *Lexicon theonymon rerumque sacrarum et divinarum ad Aegyptum pertinentium ...*, 5 dln., Milaan, 1974-1977.

II. DE EGYPTISCHE GODEN

Armour R., *Gods and Myths of Ancient Egypt*, Kairo, 1986.

Daumas F., *Les dieux de l'Égypte*, („Que sais-je?", no. 1194), 1965.

Hart G., *A Dictionary of Egyptian Gods and Goddesses*, Londen, 1986.

Kees H., *Der Götterglaube im Alten Ägypten*, (*Mitt. d. vorderasiat.-äg. Gesellschaft*, 45), Leipzig, 1941; 2e dr. Berlijn, 1956; heruitgave 1983.

Lurker M., *The Gods and Symbols of Ancient Egypt*, Londen, 1980.

Shorter A.W., *The Egyptian Gods*, Londen, 1937.

Lijst van monografieën over afzonderlijke goden bij:

Hornung E., *Einführung in die Ägyptologie. Stand, Methoden, Aufgaben*, Darmstadt, 1967, p. 61-62.

Aan te vullen met:

Altenmüller Brigitte, *Synkretismus in den Sargtexten*, (*GOF* IV, 7), 1975.

Assmann J., *Re und Amun*, (*OBO*, 51), 1983.

Barta W., *Untersuchungen zum Götterkreis der Neunheit*, (*MÄS*, 28), 1973.

Begelsbacher-Fischer Barbara L., *Untersuchungen zur Götterwelt des alten Reiches*, (*OBO*, 37), 1981.

Bergman J., *Ich bin Isis*, (*Acta Univ. Upsaliensis. Hist. Relig.*, 3), Uppsala, 1968.

Id., *Isis-Seele und Osiris-Ei*, (*Acta Univ. Upsaliensis. Hist. Relig.*, 4), Uppsala, 1970.

Broekhuis J., *De Godin Renenwetet*, (*Bibl. Class. Vangorcumiana*, 19), Assen, 1971.

Derchain Ph., *Hathor Quadrifrons*, (*Uitg. Nederl. Hist. Archaeol. Instit. Istanbul*, 28), Istanbul, 1972.

Derchain-Urtel Marie-Thérèse, *Synkretismus in ägyptischer Ikonographie. Die Göttin Tjenenet*, (*GOF* IV, 8), 1979.

Id., *Thot*, (*Rites égyptiens*, 3), Brussel, 1981.

Gamer-Wallert Ingrid, *Fische und Fischkulte im alten Ägypten*, (*ÄA*, 21), 1970.

Germond Ph., *Sekhmet et la protection du monde*, (*Aeg. Helv.*, 9), 1981.

Graefe E., *Studien zu den Göttern und Kulten im 12. und 10. Oberägyptischen Gau*, Freiburg, 1980.

Griffiths G.J., *The Origins of Osiris and his Cult*, Leiden, 1980.

Von Känel Frédérique, *Les prêtres-ouâb de Sekhmet et les conjurateurs de Serket*, (*Bibl. de l'Ecole des Hautes Etudes. Sc. relig.*, 87), Parijs, 1984.

Mysliwiec K., *Studien zum Gott Atum*, I-II, (*HÄB*, 5, 8), 1978-1979.

Otto E., *Egyptian Art and the Cults of Osiris and Amon*, Londen, 1966.

Parlebas J., *Die Göttin Nehmet-Awaj*, Kehl, 1984.

Quaegebeur J., *Le dieu égyptien Shaï dans la religion et l'onomastique*, (*Orientalia Lovaniensia Analecta*, 2), Leuven, 1975.

Schlögl H., *Der Sonnengott auf der Blüte*, (*Aeg. Helv.*, 5), 1977.

Id., *Der Gott Tatenen. Nach Texten und Bildern des Neuen Reiches*, (*OBO*, 29), 1980.

Spiegel J., *Die Götter von Abydos*, (*GOF* IV, 1), 1973.

Stricker B.H., *De Geboorte van Horus*, I-IV, (*MVEOL*, 14, 17, 18, 22), 1963-1982.

Valbelle Dominique, *Satis et Anoukis*, Wiesbaden, 1981.

te Velde H., *Seth, God of Confusion*, Leiden, 1977.

Wildung D., *Egyptian Saints: Deification in Pharaonic Egypt*, New York, 1977.
Id., *Imhotep und Amenhotep. Gottwerdung im alten Ägypten*, (*MÄS*, 36), 1977.

III. KOSMOGONIEËN EN ANDERE MYTHEN

Anthes R., *Mythology in Ancient Egypt*, in S. Kramer, *Mythologies of the Ancient World*, (*Anchor Books* A 229), New York, 1961, p. 15-92.
Derchain Ph., *Égypte: Anthropologie; Cosmogonie; Divinité; Mort; Rituels égyptiens*, in Y. Bonnefoy (ed.), *Dictionnaire des mythologies* ..., 2 dln., Parijs, 1981.
Helck W., *Die Mythologie der Ägypter*, in *Wörterbuch der Mythologie*, I, Stuttgart, 1965, p. 313-406.
Hornung E., *Der ägyptische Mythos von der Himmelskuh*, (*OBO*, 46), 1982.
Piankoff A. en Rambova N., *Mythological Papyri*, 2 dln., (*Bollingen Series*, 40, 3), New York, 1957.
Rundle Clark R.J., *Myth and Symbol in Ancient Egypt*, Londen, 1959.
Sauneron S. en Yoyotte J., *La naissance du monde selon l'Égypte ancienne*, in *Sources orientales*. I. *La naissance du monde*, Parijs, 1959, p. 17-91.
Schott S., *Mythe und Mythenbildung im alten Ägypten*, (*Unters. z. Gesch. u. Altertumskunde Ägyptens*, 15), Leipzig-Berlijn, 1945.
Sternberg Heike, *Mythische Motive und Mythenbildung in den ägyptischen Tempeln und Papyri der griechisch-römischen Zeit*, (*GOF* IV, 14), 1985.

IV. DE CULTUS

De Tempel

Daumas F., *Les mammisis des temples égyptiens*, (*Ann. Univ. Lyon*, Sér. III Lettres, fasc. 32), Parijs, 1958.
Reymond E.A.E., *The Mythical Origin of the Egyptian Temple*, Manchester-New York, 1969.
Spencer Patricia, *The Egyptian Temple. A Lexicographical Study*, Londen, 1984.
Zandee J., *Egyptische tempels en goden*, Kampen, 1965.

De koning en de priesterschap

Barta W., *Untersuchungen zur Göttlichkeit des regierenden Königs*, (*MÄS*, 32), 1975.
Brunner H., *Die Geburt des Gottkönigs*, (*ÄA*, 10), 1964.
Frankfort H., *Kingship and the Gods*, Chicago, 1971.
Gauthier H., *Le personnel du dieu Min*, (*RAPH*, 3), 1931.
Gitton M., *Les divines épouses de la 18e dynastie*, (Centre de recherches de l'hist. anc., 61), Parijs, 1984.
Hornung E. en Staehelin Elisabeth, *Studien zum Sedfest*, (*Aeg. Helv.*, 1), 1974.

Kees H., *Das Priestertum im ägyptischen Staat vom Neuen Reich bis zur Spätzeit*, (*Probleme der Ägyptologie*, 1), 1953.

Id., *Zur Organisation des Ptahtempels in Karnak und seiner Priesterschaft*, in *Mitt. d. Inst. f. Orientforsch.* (Berlin), 3 (1955), p. 329-344.

Id., *Die Hohenpriester des Amun von Karnak von Herihor bis zum Ende der Äthiopenzeit*, (*Probleme der Ägyptologie*, 4), 1964.

Lefebvre G., *Histoire des grands prêtres d'Amon de Karnak jusqu'à la XXIe dynastie*, Parijs, 1929.

Moursi M., *Die Hohenpriester des Sonnengottes*, (*MÄS*, 26), 1972.

Otto W., *Priester und Tempel im hellenistischen Ägypten*, 2 dln. Leipzig, 1905-1908.

Id., *Beiträge zur Hierodulie im hellenistischen Ägypten*, (*Abh. bayer. Akad. Wiss.*, Phil.-hist. Kl., N.S., 29), München, 1950.

Otto E., *Gott und Mensch nach den äg. Tempelinschriften der gr.-röm. Zeit*, (*Abh. Heidelberger Akad. Wiss.*, Philos.-hist. Kl., 1964, Abh. 1).

Sauneron S., *Les prêtres de l'ancienne Égypte*, („*Le temps qui court*", 6), Parijs, 1957.

De dagelijkse eredienst en de religieuze feesten

Alliot A., *Le culte d'Horus à Edfou au temps des Ptolémées*, (*BdÉ*, 20, fasc. 1-2), 1949-1954.

Bilabel F., *Die gräko-ägyptischen Feste*, in *Neue heidelberger Jahrb.*, 1929, p. 1-51.

Bleeker C.J., *Die Geburt eines Gottes*, Leiden, 1956 (feest van Mîn).

Id., *Egyptian Festivals. Enactments of Religious Renewal*, (*Studies in the History of Religions* (Supplement to *Numen*), 13), Leiden, 1967.

Chassinat E., *Le mystère d'Osiris au mois de Khoiak*, 2 dln., Kairo, 1966-1968.

Daumas F., *Dendara et le temple d'Hathor. Notice sommaire*, (*RAPH*, 29), 1969.

David R., *A Guide to Religious Ritual at Abydos*, Warminster, 1981.

Derchain Ph., *Le sacrifice de l'oryx*, (*Rites égyptiens*, 1), Brussel, 1962.

Fairman H.W., *Worship and Festivals in an Egyptian Temple*, in *Bull. John Rylands Library*, 37, (1954), p. 165-203.

Foucart G., *La belle fête de la Vallée*, in *BIFAO*, 24 (1924), p. 1-209.

Gauthier H., *Les fêtes du dieu Min*, (*RAPH*, 2), 1931.

Kurth D., *Den Himmel Stützen*, (*Rites égyptiens*, 2), Brussel, 1975.

Merkelbach R., *Isisfeste in griechisch-römischer Zeit*, (*Beitr. z. klass. Philol.*, 5), Meissenheim, 1963.

Moret A., *Le rituel du culte journalier en Égypte*, (*Ann. du Musée Guimet, Bibl. d'Études*, 14), Parijs, 1902.

Otto E., *Das Verhältnis von Rite und Mythus im Ägyptischen*, (*Sitz.-Ber. Heidelb. Akad. Wiss.*, Philos.-hist. Kl., 1958, Abh. I), Heidelberg, 1958.

Sauneron S., *Les fêtes religieuses d'Esna aux derniers siècles du paganisme*, (*Esna*, V), Kairo, 1964.

Schäfer H., *Die Mysterien des Osiris in Abydos unter König Sesostris III*, (*Unters. z. Geschichte u. Altertumskunde Ägyptens*, 4, 2), Leipzig-Berlijn, 1904.

Schott S., *Altägyptische Festdaten*, (*Abh. Akad. Mainz*, Geistes- u. sozialwiss. Kl., 1950, no. 10), Wiesbaden, 1950.

Id., *Das schöne Fest vom Wüstentale*, (*ibid.*, 1952, no. 11), Wiesbaden, 1953.

Id., *Ritual und Mythe im altägyptischen Kult*, in *Studium Generale* (Berlin-Heidelberg-New York), 8 (1955), p. 285-293.

Wolf W., *Das schöne Fest von Opet*, Leipzig, 1931.

V. De hervorming van Echnaton

Aldred C., *Akhenaten, Pharaoh of Egypt. A New Study*, Londen, 1968 (vert. *Akhenaton, le pharaon mystique*, Parijs, 1973).

Leeuwenburg L.G., *Echnaton*, (*Cultuurhist. Monografieën*, 5), Den Haag, 1946.

Redford D.B., *Akhenaten. The Heretic king*, Princeton, 1984.

Sandman Maj, *Texts from the Time of Akhenaten*, (*Bibliotheca aegyptiaca*, 8), Brussel, 1938 (zonder vertaling).

Schlögl H.A., *Echnaton - Tutanchamun. Fakten und Texte*, Wiesbaden, 1983; 2e uitgave, 1985.

VI. Ethiek, vroomheid en magie

Ethiek

Les sagesses du Proche Orient ancien, (*Travaux du Centre d'Études Supérieures Spécialisé d'Histoire des Religions de Strasbourg*), Parijs, 1963 (Bibliografie door J. Leclant, p. 5-26).

Hornung E. en Keel O. (ed.), *Studien zur Altägyptischen Lebenslehren*, (*OBO*, 28), 1979.

Jansen-Winkeln K., *Ägyptische Biographien der 22. und 23. Dynastie*, (*Ägypten und Altes Testament*, 8, I, II), Wiesbaden, 1985.

Janssen J., *De traditioneele Egyptische autobiografie vóór het Nieuwe Rijk*, I. *Teksten*; II. *Vertaling en Commentaar*, Leiden, 1946 (taalkundige studie).

Lichtheim Miriam, *Late Egyptian Wisdom Literature in the International Context. A Study of Demotic Instructions*, (*OBO*, 52), 1983.

Morenz S., *Gott und Mensch im alten Ägypten*, Leipzig, 1984 (2de uitgave).

Otto E., *Die biografischen Inschriften der ägyptischen Spätzeit. Ihre geistes-geschichtliche und literarische Bedeutung*, (*Probleme der Ägyptologie*, 2), Leiden, 1954.

Vroomheid

Barucq A., *L'expression de la louange divine et la prière dans la Bible et en Égypte*, (*BdÉ*, 33), 1962.

Fecht G., *Literarische Zeugnisse zur „Persönlichen Frömmigkeit" in Ägypten*, (*Abh. Heidelb. Akad. Wiss.*, Philos.-hist. Kl., 1965, Abh. I), Heidelberg, 1965.

Roeder G., *Volksglaube im Pharaonenreich*, Stuttgart, 1952, (inz. p. 171-234).

Sauneron S., *Les songes et leur interprétation dans l'Égypte ancienne*, in *Sources orientales*, II. *Les songes et leur interprétation*, Parijs, 1959, p. 17-61.

Yoyotte J., *Les pèlerinages dans l'Égypte ancienne*, in *Sources orientales*, III. *Les pèlerinages*, Parijs, 1960, p. 19-74.

Magie

Borghouts J., *Ancient Egyptian Magical Texts*, (*Religious Texts Translation Series NISABA*, 9), Leiden, 1978.

Budge E.A.W., *Egyptian Magic*, Londen, New York, verschillende uitgaven.

Gardiner A.H., *Magic (Egyptian)*, in *Hastings Encyclopaedia of Religions and Ethics*.

Griffith F. Ll. en Thompson H., *The Leyden Papyrus. An Egyptian Magical Book*, New York, 1974 (herdruk van de uitgave van 1904).

Jacq C., *Egyptian Magic*, Londen, 1986.

Lexa F., *La magie dans l'Égypte ancienne*, 3 dln., Parijs, 1925.

Meeks D., *Génies, anges, démons en Égypte*, in *Sources orientales*, VIII. *Génies, anges et démons*, Parijs, 1971, p. 17-84.

Preisendanz K., *Papyri graecae magicae. Die griechischen Zauberpapyri*, 2 dln., Leipzig-Berlijn, 1928-1931.

Sauneron S., *Le monde du magicien égyptien*, in *Sources orientales*, VII. *Le monde du sorcier*, Parijs, 1966, p. 27-65.

Id., *Le papyrus magique illustré de Brooklyn*, (*Wilbour Monographs*, 3), Brooklyn, 1970.

te Velde H., *The God Heka in Egyptian Theology*, in *JEOL*, 21 (1969-1970), p. 175-186.

VII. HET LEVEN NA DE DOOD

Altenmüller G., *Die Texte zum Begräbnisritual im alten Ägypten*, (*ÄA*, 24), 1972.

Barta W., *Die Bedeutung der Pyramidentexte für den verstorbenen König*, (*MÄS*, 39), 1981.

Id., *Die Bedeutung der Jenseitsbücher für den verstorbenen König*, (*MÄS*, 42), 1985.

Gardiner A.H., *The Attitude of the Ancient Egyptians to Death and the Dead*, Cambridge, 1935.

Grieshammer R., *Das Jenseitsgericht in den Sargtexten*, (*ÄA*, 20), 1970.

Kees H., *Totenglauben und Jenseitsvorstellungen der alten Ägypter. Grundlagen und Entwicklung bis zum Ende des Mittleren Reiches*, Leipzig, 1926; 2e dr. Berlijn 1956; 3e dr. 1977.

Köhler Ursula, *Das Imiut*, (GOF IV, 4), 1975.

Lüddeckens E., *Untersuchungen über religiösen Gehalt, Sprache und Form der ägyptischen Totenklage*, (Mitt. d. deutsch. Inst. f. äg. Altertumskunde Kairo, 11), Berlijn, 1953.

149

Reisner G.A., *The Egyptian Conception of Immortality*, (*Harvard University. Ingersold Lectures on Immortality*, 1911), Boston, 1912.

Rössler-Köhler Ursula, *Kapitel 17 des ägyptischen Totenbuches*, (*GOF* IV, 10), 1979.

Sander-Hansen C.E., *Der Begriff des Todes bei den Ägyptern*, (Det kgl. Danske Videnskabernes Selskab, Hist.-filol. Meddelelser, 29, 2), Kopenhagen, 1942.

Seeber Christine, *Untersuchungen zur Darstellung des Totengerichts im Alten Ägypten*, (*MÄS*, 35), 1976.

Settgast J., *Untersuchungen zu altägyptischen Bestattungsdarstellungen*, (*Abh. d. deutsch. archäol. Inst. Kairo.* Ägypt. Reihe, 3), Glückstadt, 1963.

Spencer A.J., *Death in Ancient Egypt*, (Pelican Books), Harmondsworth, 1982.

Spiegel J., *Die Idee vom Totengericht in der ägyptischen Religion*, (*Leipziger ägypt. Stud.*, 2), Glückstadt, 1935.

Id., *Das Aufstehungsritual der Unas-Pyramide*, (*ÄA*, 23), 1971.

Westendorf W. (ed.), *Göttinger Totenbuchstudien. Beiträge zum 17. Kapitel*, (*GOF* IV, 3), 1975.

Yoyotte J., *Le jugement des morts dans l'Égypte ancienne*, in *Sources orientales, IV. Le jugement des morts*, Parijs, 1961, p. 15-80.

Žabkar L.V., *A Study of the Ba Concept in Ancient Egyptian Texts*, (*Stud. in Anc. Or. Civilisation*, 34), Chicago, 1968.

INDEX

151

154

159